大人のための文章教室

清水義範

はじめに

文章教室を始めてみようと思う。こういうものは、もののはずみという感じに、気がついたらやり始めてた、ってふうでなければいけない。教室だなんて言っちゃって、私にそんなことをする資格があるのだろうか、などとごちゃごちゃ考えたらろくなことにならない。私は自分のことを名文家だと思っているわけでは決してなく、なんて言い訳を書けば、どんどんいやらしくなるだけだ。

大人のための、文章についての作法や技術や作戦を考えていく教室だ。

なぜ、大人のための、なんていうことわりがついているかというと、私は小学生のための作文教室というのを十数年も続けていて、その記録をまとめた本も二冊出しているからである。今まで、子供の作文についていろいろ考えてきた私が、今回は大人の文章について考えをまとめよう、というわけだ。

ここで私の言う大人とは、世間一般の普通の大人である。サラリーマンや、事業主や、職人や、公務員や、ＯＬや、主婦や、とにかくそういう、いろんな大人全般である。そういう人たちは、文筆業をなりわいとしているわけではないのだが、でも、文章を書くことと無縁ではない。普通に大人をやっていれば、様々の局面で、ひとに読まれる文章を書くことになるものである。

たとえば、手紙を書かなきゃいけない時が誰にだってあるだろう。電話があり、今は携帯電話が普通になっていて、いつでも誰とでも話ができるとは言うものの、電話だけではすませられず、手紙にしなきゃいけない場合が多々あるはずだ。お世話になったお礼とか、借金の申し込みとか、十三回忌の法要に参列できないお詫びとかは、電話ですますより手紙を書くべきところだろう。

私のところへエッセイなどの雑文執筆の依頼の電話がかかってきた時だって、よく知らない雑誌だったりする場合は、企画の趣旨を、メモ程度のものでよいから文書にまとめて、ファクスしていただけませんか、と答えることになる。その場合先方は、そういう一種の手紙を書かなければいけないわけだ。

サラリーマンには、その種の文章を書かなきゃいけない場合が、しばしばある。依頼書、企画書、趣旨説明書、報告書、立案書、礼状、詫び状、案内状。

そして、依頼はできることなら受けてほしい、企画は通ってほしい、立案は取りあげてほしいと思うならば、そうなるようにうまい文章を書くことが望ましいのである。

サラリーマンでなくたって、日常生活の中でちょっとした文章を書かなきゃいけないことはよくある。友だちとつきあったり、町内に住人の一人として存在したり、社会にかかわって生きているからには、そことの連絡を文章を書くことによってするのである。

近頃は、携帯電話やインターネットを使っての、電子メールというものがある。あのメールも、もちろん文章で書かれている。メールの文章は少し特殊で、あれをいくら作成しても文章はあまりうまくならない、という傾向があるのだが、でも、何も書かないよりはいくらか文章力の糧《かて》にはなる。

また人々は、通信や伝達のためではなく、自己表現のために文章を書くこともある。

新聞や雑誌の投稿欄に、あんなにいっぱい投稿が掲載されているではないか。親切なバスの運転手の話や、子供の成長にとまどいながらも喜ぶ私や、ワクワクしましたという官能小説への感想や、戦争には反対だという意見や、賛成だというものや、とにかく皆さん文章を書いて自分を表現することが好きなのである。

郷土史を研究してその結果をまとめる人もいる。うどんを研究してその結果をまとめる人もいる。インターネットの中の、ホームページというものを作る人はそういう素人研究家であり、大いに文章を書いて自分が調べたことを他人に知らしめている。

そしてそのまた先には、随筆を書き始めてしまうお年寄りがいる。小説を書いて、同人雑誌に発表するような人もいる。それほどまでに、人々は文章と深くかかわって生きているのだ。

私がここに始める文章教室は、そういう文章を、どうすればうまく書けるようになるんだろう、という考察の場である。私なりに、様々の心がけや、技巧や、裏技を考案していこうと思っている。

ただし、初めにおことわりしておくと、この教室では、日記の文章と、小説の文章のことはあまり取りあげない。なぜなら、日記というものは、原則として自分が読むためのものので、ひとに読ませることは考えなくていいからだ。伝達の意思のない文章ならば、どう書こうが自分にわかりさえすればいいのだ。そして、小説の文章は作家ごとに個性的で、特殊であり、一般人がお手本にするのに向かないのである。それはとりあえず、この教室では考えない、という方針でやっていこうと思っている。

目次

第一講　打つか、書くか

ワープロで文章は変るか

文章についていろいろ考察していくのだが、まず最初に、それを何で書くのか、というところから話を始めよう。

言うまでもなく、ワープロのことを考えるのである。古い話になってしまったが、一九七九年の二月に、わが国初の日本語ワードプロセッサーが発売された。それは、事務用の机ぐらいの大きさで、六百三十万円もした。

そこに始まって、我々日本人はワープロという筆記の道具を持っているのである。そして今や、多くの人がそれで文章を作っている。書いている、のではなく、打っているわけだ。

今では、小説家だってワープロで原稿を打っている人のほうが普通で、私のように手書きをしている人間のほうが少数派になっている。

私が編集者に、ご依頼の趣旨を文書にしてファクスして下さいませんか、と答える事例を紹介したが、その時、ほとんどの場合は、しばらく時を置いてから、ワープロを使って作成した文書が届くのである。

そのように、事務仕事の中での文章はワープロで打つのが普通になっている。

では、手紙はどうだろう。手紙もワープロで打ち、署名だけ手書きなんていう例が珍しくはない。だが、手紙だと手書きの比率が、ほかのものよりは高いようである。

手紙と、依頼書との間には、微妙な違いがあって、それがワープロで打つか、手で書くかを分けているような気がする。

具体的に言うならば、〝本誌何月号のこういう特集の中に、関連するエッセイを四百字詰め原稿用紙四枚、何月何日を締め切りとして執筆していただきたい〟という依頼書は、ワープロで打たれたものであることが多い。ところが、〝我社も小説の出版に力を入れていくことになり、ついては、一度お目にかかって、ご尽力をいただくことが可能かどうか、また、ご構想中のものがあるのかなど、うかがいたく思います。追って電話を入れさせていただきます〟という内容の通信文は、手書きであることが多いのだ(もちろん例外はあるが)。

そういう使い分けがなされているということは、人々が、ワープロ文と手書き文には何か違いがあると感じているからだろう。

考えてみよう。ワープロで打った文章と、手で書いた文章にはどういう違いがあるのだろう。

見た目が違う。それは確かだ。ワープロ文ならば活字で印刷したかのように、文字がきれいに並んでいる。手書き文は、ひとりひとり字が違っていて、しかも字のうまいへたが見えてしまう。

見た目でなく、実質はどうなのだろう。手書きで文章を書いていた人が、ワープロで打つことにした場合、できる文章は違うものになってしまうのであろうか。ペンもワープロも結局は筆記の道具にすぎない。なのに、その道具を替えたせいで、書ける文章が違ってしまうということがあるのだろうか。

私の考えはこうだ。

小説家とか、エッセイストとか、文筆をなりわいとしている人、つまり文章のプロならば、手書きでもワープロでも同じ文章を書くと思う。そういう人というのは頭の中に文章のリズムがあり、文章の見た目にもこだわりがあって、何で書こうが同じものを作成してしまうだろう。

ところが、文章を書くことの素人、つまり普通の一般の人は、ワープロを使うと文章が変ってしまいがちだと思う。ちゃんと意識していないと、ワープロに文章が引きずられていってしまうのだ。

その、最もわかりやすいのが、漢字の使いすぎである。ワープロだと、変換キーを押すだけで、仮名が漢字になる。だからついつい全部漢字にしてしまいがちなのだ。その結果、最近の週刊誌の記事は、これは仮名のほうがよくないかな、と思う言葉まで漢字になっているという傾向にある。

ひどい　酷い

おののく　戦く

すさまじい　凄まじい

ものすごい　物凄い

右のような言葉は、仮名で書くほうがわかりやすく、美しいと私は思う。まあ、その好みは人それぞれでいいわけだが、好みにかかわりなくワープロのせいで全部漢字にしてしまうというのなら、少し考えてみる必要があるだろう。

昔は、漢字をよく知っているのは利口そうに見えることで、だから辞書を引きつつ文章を書いたものだ。だが今は、キーを一押しするだけで漢字になるのだから、それゆえにあえてこれは漢字にはしないぞ、という引き算の思考法があるべきだと思うのだが。

ワープロ文はぶっきらぼう

漢字が苦もなく出てくるせいで、つい漢語を使いがちになる、というのもワープロ文の特徴だ。

たとえば、

「ためらいが生じます。」

という文章を書こうとして、手書きならそう書いただろうに、ワープロなのでつい、

「躊躇してしまいます。」

にしてしまうようなことがある。

躊躇なんてのは、辞書で引いてルーペで拡大してようやく書き写すような字で、手書きだったら書きたくないや、と考えそうなものだ。なのにワープロだからその語を選んでしまう。

そんなわけで、ふみにじる、を、蹂躙する、にし、いきどおる、を、慷慨する、にし、なぐさめる、を、慰撫する、にしていくようなことでは、文章がワープロに乗っ取られたようなものである。私は以前、小学六年生の雑誌で全国の六年生から作文を募集して、いいものを誌面に紹介するということをしたのだが、ワープロを使った子は背のびをして漢語を使うので、そこに違和感があったものだ。

さて、もう一歩話を進めよう。漢字や漢語を使いがちになる、ということ以外に、ワープロのせいで文章が変ってしまうことはあるだろうか。

それについて、私は大いにあると思っている。素人のレベルでは、ワープロで文章を作

成していくと、多くはキーボード操作の達人というわけではなく、ぎこちなく打っているもので、文章を早く終えたくなるのだ。

「見物しました」と打つと、つい、「。」を打って終りにしてしまう。

「見物することができ、思いがけず目の保養になりました。」という文章が出てこなくなる傾向があるんじゃないだろうか。

それは、キーボード操作技術だけによるものではなく、手で握ったペンの先が紙に触れて書いていくのと、キーを叩いてディスプレイに文字が出てくることの差によるものかもしれない。作業をしている手と、出てくる文章とに距離があって、なんとなくクールな気分になるのだろう。

そういうわけで、ワープロで作成する文章は、ともすればぶっきらぼうになりやすい。たとえばひとに何かをお願いする場合、言葉は実に豊富にあって、丁寧さや、あたりの柔らかさを伝えられる。

……して下さい。

……して下さいませんか。

……していただけるでしょうか。

……していただけるならばありがたく存じます。

そんなふうに言い方はいろいろあり、ここにあげた例で言えば、後者になるほど丁寧度が高く、あたりがソフトである。

ところがワープロで文章を作成していると、つい、「して下さい」で「。」を打ってしまいがちなのである。あれは事務機械なので、つい事務的に用件だけ伝えればよいような気分になってしまうのだろうか、と思うほどだ。

原稿の依頼文書で、「締切り、○月○日必着」なんてあるのは、ワープロのせいでそうなっているのかなあと思う。手で書いたなら、「締切りは、急で申し訳ありませんが○月○日とさせていただきます。」とするのじゃないだろうか。

ある編集者から、こういう話をきいたことがある。その人の知っている二人の執筆者（エッセイスト）が、原稿を作成するのにワープロを使っているのだそうだが、その使い方が対照的なのだそうだ。

まず、Aという人は、下書きをワープロで打って、それを手書きで清書して入稿するという。

次に、Bという人は、手書きで下書きを作り、それをワープロで清書して入稿するのだそうだ。

私はそれをきいて、それはそんなに対照的な話ではないぞ、と思った。Aさんのほうが多分字がうまいだろうな、と思うものの、それは小さなことだ。

その二人とも、ワープロを使うとついつい出てきてしまいがちな、ぶっきらぼうな文章、ぶしつけな文章を、そのまま出さないようにと配慮してそうしているんだろうな、と思うのだ。

Aさんは、とりあえずワープロで作成した文章を、手書きで清書する時に、これでいいのかと吟味し、細かく修正しているのであろう。そしてBさんは、自分の文章を手書きで作り、ワープロはその清書用の道具にしか使わないわけだ。

慎重にそこまでしている人もいるわけである。一般の人のレベルでは、ワープロが文章を左右しているのはあたり前だと言っていいだろう。

文章で人を動かす

そんなわけで、この文章教室で最初に導き出される文章のコツは、心をこめたい文章は手書きにすべし、である。

携帯やインターネットでのメールは、ボタンやキーボードによる入力にするしかない。それはしかたがないと思う。

ホームページを作って、研究の結果を書き込む場合も、ワープロ方式にするしかない。

あれをどう手書きにできるというのか。

それから、事務的な文書は、ワープロによる作成でいいだろう。私のところへファクスで送られてくる依頼書などは、ワープロ文書であることが多いということは既に報告した。

何らかの組織から、会員全員に届けられる報告文書などは、ワープロ文であることが多いが、それは構わないと思う。あれは手紙というよりは、通信文、といった性格のものであろう。

しかし、人を動かしたい手紙ならば、手で書くべきである。

ここ、重要なところである。

ひとは文章を、他者に何かを伝えるために書くのである。そして、何かを伝えるとは、事情を了解してもらえばそれでいい、ということではない。

こちらの情報が正しく伝達されることはまず第一の目的だが、それだけではなく、相手に同意、同感させることが文章の二番目の目的である。

そして、相手をこちらの希望するように動かすのが、文章の究極の目的なのだ。

動かすと言うといやらしいようだが、文章とはそういう欲望を持っているものだ。その欲望がちゃんと満たされるように書く、というのが、文章の技なのである。

文章とは、読んだ人にこう言わせたいのだ。

わかった。なるほどな。そうしてやろう。

ラブレターというものを思い出してみればわかりやすい。ラブレターの目的は、私はあなたがこんなに好きだ、ということを伝えるだけではない。それだけなら、ストーカーの手紙でも似たようなことが伝わる。

ラブレターの目的は、相手が感激して、むこうもこっちを好きになってくれることであろう。そのことを私は、文章で人を動かす、と言っているのだ。

そして、ラブレターをワープロで打っちゃいけませんよ、なのだ。まあ、ラブレターをワープロで打って出す人はそんなにはいないと思うが。

だとしたらそれと同じように、ぜひとも通したい企画書、無理を承知の上であえて頼む依頼書、非はこちらにあるのだがなにとぞここはお許し下さいという嘆願書、なども手書きにして当然ではないか、ということだ。

人を動かしたい文章は、手で書く。

なぜなら、手書きの文章には、書いた人の心がこもっている、ような気がする、からだ。

たとえば私のところへ来るエッセイの依頼書などに、それ自体はワープロ文書なのだが、手書きの一文が添えられているようなものが、しばしばある。

このテーマで、原稿用紙何枚をいつまでに、なんていうのがワープロ文だ。追ってお電話さしあげます、までがワープロ文。そして余白のところに、手書きでこうある。

「突然のＦＡＸで失礼いたします。どうぞよろしくご検討、お願い申し上げます。氏名」

この手書きの部分に、心がこもっている、という印象を人は受けるのである。

これは、印刷されている年賀状は手書きのものにくらべて親しみがわきにくいが、そこに、手書きの短文が添えてあると、その人の声がきこえるようでホッとする、というのと同じことである。

もちろん、時代はワープロ全盛期である。ワープロというものがあったからこそ、私は小説を書くようになった、と言う作家までいるぐらいで、ワープロだといい文章は書けない、なんてことではまったくない。

一般の人が、人を動かしたい文章を書こうとするなら、手書きにするほうが有効な技である、ということを私は言ったのだ。

ただし、これにはごくまれに例外がある。世の中には、説得力のない字を書く人がいるのだ。普通に言えば、字がへた、ということだが、単にへたならそれは気にしなくていい。実は、私の字はいわゆるマンガ文字で、説得力の弱い字だなあと、少し困っている。

ところが世の中には、この人は怒っているのだろうか、とか、文字を軽蔑しているんだろうか、という気さえする乱暴な字しか書けない人がいる。どうしてもそうしか書けないのだからしょうがない。

そういう人は、ワープロを使うほうがいいかもしれない。手書きで心をこめて文章を作り、それをワープロで清書する、なんていうやり方がいいだろう。相手の心に心地よく届くことが、文章の第一歩なのだから。

第二講　とはいうものの接続詞

文章の特徴を真似る

初期の私は、パスティーシュ作家と呼ばれたものだった。パスティーシュとは、文章の模倣によってユーモアや、皮肉の味つけをした文芸（パスティーシュは美術でも使う言葉で、その場合は、模写によって元の作品とは違う価値を出した作品のこと）である。

司馬遼太郎の文章で猿蟹合戦を書いたり、丸谷才一氏の文章でうんちくエッセイを書いてみたりの、模倣ユーモアだ。決してそれだけをやっていたわけではないのだが、初期にはそれが自分の〝売り〟だったので、いろいろな作家の文章を真似た。

いや、つい最近も、谷崎潤一郎の『細雪』の文章で、オールコットの『若草物語』を書き、ベスやジョーに関西弁を使わせて楽しんだのだから、それは私の得意な遊びと言うべきかもしれない。

ああいう文章の模倣をするコツは何ですか、ときかれたことがある。物真似というのは、ある種の耳のよさがあれば、できる人にはできるというものなのだが、いくつかコツを答えることは可能だ。

まず第一にすることは、真似る作家の文章をよく読むことだ。よく読んで、その作家の文章のリズムを体に染み込ませる。改行のリズム。地の文と会話との、つなぎのリズム。

「、」や「。」の使い方のリズム。まずはそこを似せていく。

次に、その人に独自の比喩をさがす。それを場合によっては、丸ごといただいて使ってもいい。比喩というのは、その人のものの見方なのであり、それをきいただけでその人らしさが感じられるのだ。

司馬遼太郎はおもしろい比喩を使う作家だった。「突然ひざから下が海になったように驚いた。」なんていう名作を使わせてもらうと、実にその人らしくなるのだ。

その作家の好きな言葉をみつけることも大切である。たとえば少年物を書く時の江戸川乱歩ならばそれは、「ああ、なんだか」である。

「ああ、なんだか得体の知れない気味悪さが忍び寄ってくるではありませんか。」

好きな言葉と言うより、好きな言い方、かもしれない。

丸谷才一氏が、そう頻繁に使うわけではないが、ここぞというところに使うのが「きれいに」である。

「さう言ふと、少し奇妙にきこえるかもしれないが、それだとさつきのふたつの謎がきれいに解けるのですね。」

そういうふうな、その人の決めぜりふのようなものを、要所要所にはさんでおくと、よく似ていると感じられるのだ。それは声を似せる物真似だって同じことで、掛布雅之の真似をする松村邦洋が、声も似ているがそれよりも、「小さくまとまってほしくないですね」というせりふにちゃんと目をつけているのが、技あり、なのだ。

パスティーシュのコツはそんなところだが、もうひとつ、部分的に似せるのではなく、全体の構成を似せるコツがある。その文章全体の論理、話の展開のしかた、論の進め方などを真似るコツだ。

それは、その作者と同じ接続詞を使う、ということである。

文章を書く人は、人ごとに、よく使う接続詞を持っているのだ。そして実は、接続詞とは、その人の論の構造を作っているのである。話の進め方、論理展開、によって使う接続詞が決まってくるのだ、と言いかえてもよい。だから接続詞を真似ると、その人の文章の論理構造を真似ることができる。

たとえば、次のように接続詞を使う人がいるとする。

「そして……、そして……、そして……、ところが……、やっぱり……」

この人は、どんなことも単純に割り切れるものではなく、決めつけることはできない、という考え方をもとに論理を展開しているのだ。そのために接続詞を選んでいる。

次のような接続詞を使う人もいるかもしれない。

「しかし……、しかも……、そのうえ……、これでは……、すなわち……」

この人は、かなり否定的な気分である。世間が安易に信じていることを、ひっくり返そうとして文章を書いているのだ。

というわけで、その作者のよく使う接続詞を真似て使うと、文章の論理構造が似るのである。全体の話の成り立ちがよく似ている印象を与えることができる。

接続詞とは、文章の論理を決めている品詞なのだと考えてもいいだろう。

接続詞は文章の論理構造を決定している

小学生の作文を読んでいて、あまりのへたさにあきれることがある。そういうことがどうしたってある、というのを教育者は覚悟してなきゃいけない。

どうしても、あることがうまくできない子も、必ずいるのだ。四年生の男子児童で、いつまでたっても二年生ぐらいのレベルの作文しか書けない子がいた。

その子の作文をよくよく見ていって、この子には接続詞が二つしかないのだ、ということを発見したのは驚きだった。しかし、その子がどうして作文がうまくないのかは、その発見で明確になった。

その男児は、接続詞として、「まず」と、「その次に」しか使わないのだ。知識としてはもっと知っているのかもしれないが、作文の中に使えるのはその二つだけなのだから、彼にとってほかの接続詞はないに等しい。

彼の作文はこんなふうである。実にへたですよ。

「きょう学校でスタンプラリーをやった。まず校庭にあつまって先生のせつめいをきいた。その次に、校門のスタートちてんに行きすこし遊んでいた。その次に時間がきたのでスタートして、だい一のちてんへ行った。その次に、歩いていくとむこうから先生がきて、こっちはちがうと言った。その次に、すこしもどったらまがるところをみつけた。

（以下略）」

まず初めに何かをして、その次に何、その次に何、というふうにしかその子は文章を続けられないのだ。

どんな話であろうとも、ただ出来事を羅列する書き方しかできないというのはわかるであろう。ただあったことを羅列するだけの文章というのは読みにくく、内容がわかりづらいものだ。その調子で、その日にあったことを書き並べていくだけなのか、うんざりだなあ、という気がする。

たとえばの話、その男の子にもし、「ところが」という接続詞があったならば、作文がいきなりドラマチックになるのである。

「ここまで来ればもう安心だと先生が言ったので、ぼくたちはかんせいをあげた。ところが、やぶの中からいきなりさっきの熊が出てきたのだ。」

　五年生ぐらいで、この「ところが」を、ある作文から急に使えるようになる、なんて子がいる。それを見ると私は、この子の作文は一段階上達した、と思う。

「なのに」も、文章に構造をもたらす接続詞だ。誰だってAのように思う局面だった。なのに、Aではなかった。そういう論理がなければ、「なのに」は使えないのだ。

「やっぱり」は、それまでの経緯から予想を立てておいて、その予想が当たっていた時に使う接続詞である。この「やっぱり」を、ユーモラスに使うことができるのは、六年生ぐらいでかなり作文のうまい子である。

「ぼくが大切にとっておいたケーキがだれかに食べられていた。ぼくは姉があやしいと思った。それで姉のへやへ行くと、ぼくを見て姉はいきなり『私、なにも食べてないよ』と言った。やっぱり姉が犯人だった。」

　そんなふうに、小学生の作文だって、手持ちの接続詞が豊かで、それがうまく使ってあれば、読みでのあるものになる。

「まず」と「その次に」しか話の継ぎ穂がないのでは、文章に読みでのある展開が生じるはずもないのである。

　しかし、そんな作文しか書けない子の弁護も少ししよう。その子は、それでも、「まず」

と「その次に」という接続詞を持っていたから、その作文が書けたのである。もし、それさえも使えないとしたら、彼は何も書けないであろう。

今日、学校であったことを作文に書きなさい、と言われて、彼はあったことをひとつの大きな塊として思い出すだろう。

スタンプラリーをやった。教室の勉強より楽しかった。でもはじめやり方がよくわからなかった。まちがえた。ころんで痛かった。二着だと思ったら三着で、くやしかった。先生がいつもより親切だった。竹田くんがミスしたのでまちがえた。でも竹田くんを責めることはできなかった。竹田くんには本を借りているから。

などのように、いっぺんに全部のことを思い浮かべてしまい、それをどう書けば作文になるのかは、むずかしいことなのである。

だが、彼は「まず」と「その次に」という接続詞が使えるから、はじめから順にひとつずつ羅列していく、という書き方ができるのだ。そうしか書けないのは貧しいが、その二つの接続詞が使えなかったら、それすらも書けないのである。

接続詞なんて単なる文章のつなぎ役、と思っている人がいるかもしれないが、そうではない。接続詞があるから、文章は展開でき、つながっていくのだ。そしてそのつながり方、それを私は論理構造と言っているのだが、それを決定しているのが接続詞でもある。

そういう接続詞を、どう使うのがうまい文章術なのだろうか。

接続詞の種類

文法のことはあまり考えないほうがいい。接続詞には、順接の接続詞と、逆接の接続詞があると習ったなあ、と思い出しても、頭の中は少しもすっきりしないのである。

接続詞と接続助詞とには、どういう関係があるのか。接続詞なのか副詞なのか判断のむずかしい語もある（前の項で、私が作文のへたな小学生の使う接続詞としてあげている「まず」は、もちろん正しくは副詞である）。接続詞は品詞の一種として独立させていいものなのか。

というようなことも学者には論考されているのだが、そういうのは学者にまかせておけばよい。我々としてはただ、文章と文章をつなぐ語を接続詞だとして、それにはどんな種類があるのかを知っていればいいのだ。

私の持っている『岩波講座日本語6　文法I』の中の、副用語の項（執筆者は市川孝）の接続詞を論じるくだりに、永野賢という学者が、接続詞を七種に分類していることが紹介されている。その分類が素人にもわかりやすそうなので、ここに書き写してみる。

（a）前の事がらを原因・理由とする結果や結末が、次にくることを表わすもの。また、事が順調に運ぶ場合のきっかけや前おきなどを表わすもの。

だから　それで　それゆえ　ゆえに　したがって　そこで　すると

（b）前の事がらとそぐわない事、つりあわない事、反対の事、などが次にくることを表わすもの。または、前とあととを対立させる意味を表わすものもある。

だが　が　しかし　けれど　けれども　だけど　でも　それでも　ところが　とはいえ　とはいうものの　それなのに　それにしても　さりとて

（c）前の事がらに次の事がらを付け加えたり、また、前のと並んで存在する事がらをあげたりするのに使われるもの。

そして　それから　また　かつ　および　その上　それに　あわせて　さらに　なお

（d）前の事がらを、ことばを変えて説明することを表わすもの。

つまり　すなわち　たとえば

（e）前の事がらに関する理由などの説明を補うことを表わすもの。

なぜなら　なんとなれば　ただし　もっとも

(f) 前の事がらとあとの事がらと、どちらかを選ぶことを表わすもの。

または　あるいは　もしくは　それとも　ないしは

(g) 話題を変えることを表わすもの。

さて　ところで　ときに　次に　では

接続詞の例がいろいろ出ているので、こんなにあるのか、と感じてほしい。こんな接続詞は使ったことがないな、と思った人は、それも使ってみるように試みてはどうだろう。分類ごとの説明の文章は、ざっと読んで大まかにわかっているだけでいい。「だから」という接続詞は、前の事がらを原因・理由とする結果や結末を次に書く場合に使うんだな、なんてうるさく考えるのは、かえって頭が混乱するだけだ。

普通の人間は、理屈で考えなくても、だいたい接続詞を正しく使えるであろう。

「私は彼を殺した。だから彼は今も生きている。」

なんて書く人はまずいないのだ。この場合なら、誰だって当然のように、「なのに」か「ところが」を使うであろう。

遊びで、接続詞をでたらめに使った文章というのを作ってみようか。

「ところが吾輩は猫である。なぜなら名前はまだ無い。すなわちどこで生れたか頓《とん》と見当がつかぬ。ゆえに、何でも薄暗いじめじめした所でニャーニャー泣いていた事だけは記憶している。ないしは吾輩はここで始めて人間というものを見た。それなのにあとで聞くとそれは書生という人間中でいちばん獰悪《どうあく》な種族であったそうだ。」

接続詞が正しくないと、文章は意味を失い、論理が壊れてしまう、ということがよくわかるであろう。

なぜ夏目漱石の『吾輩は猫である』を使ってこの実験をしたかというと、漱石には『それから』という、とんでもない題名の小説があるからだ。「それから」って接続詞を題名にされても、意味がわからんでしょうが。何があって、それから、どうなったのよ。

「それから、私たちは愛し合うようになった。」

と書いてあれば、何があってからなのよ、とききたくなるってものです。前も後もなくて、単に「それから」は困るんです。

というのは、漫才のぼやきのおっさん風にツッコミを入れたのであって、本当は『それから』とはいい題名だなあ、と思っているのだが。

頭の中で使い、実際には使いすぎない

さて、文章にとってそのように重要な接続詞だが、どういう使い方をするのがいいのだ

ろうか。

まずは、なるべくいろんな接続詞を使うように、あえて努力してみよう。自分がいつも書いている文章に、「そして」と「しかし」しか接続詞が使われていない、なんてのは寂しいことである。接続詞は文章の論理構造を作るのだから、接続詞が貧しいということは、その文章の論理展開が単純、ということになるのだ。

「それにしても」という接続詞を使いたいなと思ったとする。するとその接続詞は、自然にそれ用の思考を要求し、それが使える文章の展開を求めてくる。そう単純な文章では「それにしても」は使えないのだ。

だから、皆さんまず、大いにいろんな接続詞を使って文章を書いてみよう。するとその接続詞に導かれて、知らず知らず論理展開が複雑な文章が書けるはずである。また、接続詞を誤って使わない限り、論に乱れのない文章になる。

たとえば、接続詞でつないでいって、次のように文章を展開していくことができる。

「私は××な人間である。その上、××も苦手なのだ。それは××のせいである。つまり、××なのだろう。ところが、そんな私が××した。なぜなら、××だったからだ。すなわち、××だということだ。やっぱり、私も××なのだ。また、××でもある。だから、私はこう思う。(以下略)」

この文章の論理構造を、もっぱら支えているのが接続詞だということはわかるであろう。いくつもの文章が、まっすぐつながっていたり、ある所では曲がっていたり、ある所では二重になっていたりするのだが、そのつなぎの部分で接続詞がジョイントの役をして、崩れないように支えているのだ。そのおかげで、文章が構造を持てている。

しかし、あまりにも接続詞が多すぎて、うっとうしく、邪魔に感じられるなあ、と言う人がいるかもしれない。

そうです。それを感じてほしかったのです。

こんなふうに、すべての文章がいちいち接続詞でつながっていたのでは、うるさすぎるのだ。

接続詞は論理構造を作ると私は言ったが、そのせいで、理屈っぽい印象を読み手に与えるのだ。うるさい論をまくしたてるなあ、という感じがする。

そこで、さっき作った文章を、見直してほしいのだ。接続詞をいっぱい使ったあの文章を読み直し、どうしてもこれがないと意味が伝わらない、というもの以外は、接続詞をすべて消してもらいたい。

つまり、接続詞をどう使えばいい文章になるかの技は、頭の中では大いに意識しつつ、実際にはあまり使わないこと、なのである。

普通の人ならば、実際に一度接続詞だらけの文章を書いて、あとからそれを消していくというやり方をする必要はないだろう。文がつながっていく時に、頭の中でその作業をすればいい。そうすると、ほとんどの接続詞が不要であることに気がつくはずである。

さっきの理屈っぽい文章も、接続詞をとればこうなる。

「私は××な人間である。××も苦手なのだ。××のせいである。××なのだろう。そんな私が××した。××だったからだ。××だということだ。私も××なのだ。××でもある。私はこう思う。」

接続詞がなくても、文章の意味はほとんど変化なく伝わることがわかると思う。そして、こっちのほうがすっきりしている。

しかし、この文章には論理構造があって、それは、頭の中に接続詞を思い浮かべて書いたからなのである。

多くの場合は、すべての接続詞を消してしまうことはなくて、要所要所に理解を導いてくれる接続詞が残っていればいいと思う。いずれにしても、接続詞だらけの文章は、理屈っぽすぎると感じられるのだ。

学者が、素人向けの解説文を書くと、「つまり」のオン・パレードになりがちだ。その気持はとてもよくわかる。

この説明ではよくわからないかもしれないな、別の説明もしてあげよう、こっちのほうがよくわかるだろうから。と、思うからつい、話を「つまり」でつないで、もっと易しい説明をするのだ。

そのせいで、学術的なことの入門書は、「つまり」だらけになってしまうのだ。

そして読者は、学者の書いた文章は「つまり」が多くて、そこがわかりにくいんだよなあ、と思っているのだ。

学者にお教えします。あの「つまり」を消してしまっても、文章はきれいにつながって読めますよ。

第三講　長短とテンマル

文の長さでリズムを

ひとつの文の長さはどのくらいがいいのか、というのと、句読点はどう打つのがよいのか、ということを考えてみよう。二つのことをテーマにするようだが、実はその二つは大いに関係している。

まず、ひとつの文の長さだが、どのくらいがいいのだろうか。文は短くも、長くも書けるのである。

「私は見た。とんでもない光景を。」

なんてのも文だが、

「私はその時、その後の長い人生を通してついに忘れ去ることができなくなってしまう運命的な光景を、いや応なく見せられたのでした。」

という文だって書けるのだ。さて、文は短いほうがいいのか、長いほうがいいのか。

子供に対する作文指導ならば、答は簡単である。私は子供には、よくこう指導している。

「あんまり長すぎる文は、意味がわかりにくいし、はじめの方とおしまいの方では違う話になっちゃったりしておかしいことが多いから、文はなるべく短く切ったほうがいいんだよ」

同じようなことが書いてある作文指南の本があるかもしれない。

たとえば、〈してして文〉（こういうのは私の遊び的な命名です。正式名称ではないので、よそでは通じません）を書く子供がいる。

「たいくつだったのでゲームをして、それからテレビを見ていたらお父さんがきて、そろそろ出発だぞうと言ったのでしたくをして、車にのって出発して、一時間で着きました。」

こういう文ならば、三つぐらいの短い文に区切ったほうがいいよ、というアドバイスになる。一般的に、子供に対しては文は短く切れ、という指導が適切だろう。

しかし、大人に対しては私も、そんな単純なことは言わない。文があんまりブツ切れでは格好がつかない、ということも一方にあるのである。

「もう七月も下旬だというのに、例年になく肌寒い日が続いていますが、お変りなくおすごしでしょうか。」

右のような文章はごく普通のものだろう。これを、子供向けセオリーに従って次のようにブツ切りにしても少しもよくなっていない。

「普通七月の下旬は暑いです。なのに今年は肌寒い日が続きます。お変りなくおすごしですか。」

むしろ悪くなっていると言えよう。

いつもいつも、主語＋述語という構造の、短い文ばかり書くのではシンプルすぎて格好がつかず、子供っぽく感じられるのだ。接続詞や接続助詞を使って、少々構造が複雑な文も書きたいではないか。

しかし、すべての文が長ければ大人っぽい技巧の感じられる文章になるかというと、そうでもない。むやみに長い文は読みづらくて、そんなのばかりが続いているといやになってくる、という注意点もあるのだ。

この文章教室では、小説の文章のことはあまり考えない方針なのだが、小説家で長い文を書く人がいる。谷崎潤一郎の『細雪』なんて、ほとんどの文がやけに長いのに、意味に曇りがなくすらすらと読める奇跡的な文章である。たとえばこんな調子だ。

「悦子は母が外出する時でも雪子さえ家にいてくれれば大人しく留守番をする児であるのに、今日は母と雪子と妙子と、三人が揃って出かけると云うので少し機嫌が悪いのであるが、二時に始まる演奏会が済みさえしたら雪子だけ一と足先に、夕飯までには帰って来て上げると云うことでどうやら納得はしているのであった。」

見事なものだが、一般人はあまりこれを真似ないほうがいいだろう。こんなに長い文では、話が混乱して意味がわかりにくくなりがちなのである。

〈谷崎の長い文は、読者に読むスピードを落とさせ、別世界の話をじっくりきくような気分にさせる効果を狙っているのだと思う。しかし、素人には高度すぎて危険な技なのだ。

というわけで、ブツ切り短文ばかり並ぶのも幼稚だし、長文ばかりでは読みにくい。では、どうすればいいのかだが、結局それはリズムの問題なのである。短文と長文が程よく混じっていて、読んでいくと心地よいリズムが感じられるというのが理想である。

小説家の文章で、その見本をお目にかけよう。

「人の生涯は、ときに小説に似ている。主題がある。

徳川十五代将軍慶喜《よしのぶ》というひとほど、世の期待をうけつづけてその前半生を生きた人物は類《るい》がまれであろう。そのことが、かれの主題をなした。」

司馬遼太郎の『最後の将軍』の書き出しの部分である。

直列つなぎと並列つなぎ

司馬遼太郎は、短い文を一つ二つ置いてから、すっと長い文に読者を導く書き方をよくした。そのリズムが心地よくて、あっという間に小説世界に引き込まれるのだ。

私は司馬さんのその書き方を、〈自転車こぎ出し文体〉と勝手に名づけている。自転車をこぎ出す時、初めに二歩分ほど、足で地面を蹴って速度をつけ、そこで乗って安定スピードで走る、というのに似ていると思うのだ。安定スピードに乗る前の、小さな蹴りのような短い文が、話に入っていきやすくしているわけだ。

だから司馬小説のパスティーシュをするには、そのリズムを真似るとよい。

「男がいた。

身分は高くない。むしろ人々にさげすまれている程だ。

だが、この男にはひとがきいたら正気かと思うほどの、大きな野望があった。」

パスティーシュはどうでもいいが、要するに文章に心地よいリズムが生じるように、短文と長文を組み合わせるのがいいだろう、ということである。それを、文の長短に関する心得としよう。

では次に、意味の曇りのない長い文を書くにはどうしたらいいかだ。

それを考えるにはまず、長い文と言っても実は構造的に二種類に分けられるというのを知っておくべきだろう。

長い文は、短い文をいくつかつないで作られる（そういう文を複文というのだと文法で習ったものだが、文法のことをうるさく言うのはよそう）。それで、その文のつなぎ方に、直列つなぎと、並列つなぎとがあるのだ。乾電池のつなぎ方みたいだが、わかりやすいかなと思ってその言い方にした。

「私は出発した。」

「間に合うかどうか気が気でなかった。」

「私は目的地に着いた。」

この三つの文を、直列につないだのが次の文である。

「私は出発し、間に合うかどうか気が気でなかったのだが、目的地に着いた。」

これは起ったことをただ順につないでいくだけなので、簡単にいくらでも長くなる。そして出来事が時間順に並んでいるので、読んでいてあまり混乱はしない。

「私は出発し、間に合うかどうか気が気でなかったのだが、目的地に着いたところ、まだ催し物は始まっていなかったので、しばらく待っていたが、あんまり待たされるので、だんだん腹が立ってきた。」

つまりこれは、子供の書く〈してしてして文〉と同類のものなのだ。大人の場合はもう少し接続助詞が豊かだろうから、〈して・から・ので文〉なんて呼んでもいい。

こういう長文は簡単に作れるが、あまりいい文章にはならない。ただずるずると話がつながっているだけで技巧がないし、むしろ思考のキレの悪さが感じられてしまうのだ。それでね、それでね、と話をつないでいく子供のような感じだな、と読み手は思う。

だから、直列つなぎの長文は、もとになる文を三つつないだら一度切る、ぐらいにしておくべきである。それ以上は長すぎて、かえって内容が浅く感じられる。

次に、並列つなぎの長文を考えてみよう。

「私は思う。」

「彼はおそらく無実だ。」

この二つの文を、並列につないだのが次の文である。

「私は彼はおそらく無実だと思う。」

私が思って、その次に彼が無実だというふうに、直列につながっているのでないことはわかるだろう。そうではなく、私は思う、の文の中に、別の文が呑み込まれている。

「誰が何した。」という基本の文に、どういう誰が、なぜ、いつ、どんなふうに何した、などと、文を足していくことによって、並列つなぎの長文はできる。

こういう長文はなかなか技巧的に見え、ぜひ書いてみたいものなのだが、注意点がある。それはたとえば、主語らしきものが二つとか三つとか、並んでいる文章になりがちだということだ。それを仮に〈私は彼は文〉と呼ぼう。

「私は彼はおそらく無実だと思う。」というのが、まさに〈私は彼は文〉である。それで、こういう文章は意味がわかりづらいのだ。

英語ならば、まず I think とあって、以下に思う内容が書かれるから、何を思ったのだろうと読んでいける。ところが日本語では、「私」という主語に対する述語「思う」が、いちばん最後に出てくる。だから、私がどうしたのかな、という気分のまま最後まで読まなければならないことになる。そして、文があんまり長いと、主語が私だったことを忘れてしまうこともあるのだ。だから意味がわからなくなってしまう。

私は彼は、と主語らしきものが二つ並んでいるので、どっちが本当の主語なのか迷う、ということもある。そこで、こういう文を読みやすくする工夫が必要となる。

重要なことは短く簡潔に

たとえば、主語らしきものが三つ並んでいる文章だってできる。

「私は彼が妹が言ったことを真に受けて妻を殺したのを見た。」

よく読めば意味はわかるのだが、私は彼が妹が、とたたみ込まれると、つまり誰がなの、という気がして、頭が働かなくなるのである。こういう文章は、どういう順番に言えばわかりやすくなるか、どう言いかえればのみ込めるか、という点を考えて、書き直さなければならない。たとえば次のように。

「私が見たのは、妹の言うことを真に受けた彼が妻を殺す光景だった。」

この文では、「私が見たのは」が主語で、「光景だった」が述語である。こうすることによって、初めに、私は見たんだな、ということが伝わり、何を見たんだろう、と文をたどっていけるのだ。また、「妹の言うことを真に受けた彼」というように、彼と妹の出てくる順を入れ替えることによって、「彼が妻を殺す」ということがわかりやすくなっている。

並列つなぎの長文は、頑張ればかなり長くすることができる。構成要素となる文が五つとか、場合によっては十もあるような長い文もできるのである。

「一見××のようなAが、しきりに××しているBに、あたかも××なようなことを話しかけるのだが、実はそれがすべてAのしかけた罠だということを、私は知っていた。」

しかしそういう長い文を書く時は、複雑すぎて意味が伝わりにくくなっていないかどうかを、常にチェックしよう。複雑な文というのは、往々にして、意味が二通りに解釈できて、筆者の言いたいのはどっちなのかわからない、なんてことになりがちなのである。文を大人っぽくする狙いでやけに長い文を書いてみたのに、意味が正確に伝わらないのでは逆効果である。

並列つなぎの長い文を書く時は、この言い方がいちばんわかりやすいだろうか、というのを常に吟味し、いろんな語順を考えてみるのがいいと思う。そして、普通には、構成要素の文は三つか四つを限度とし、それ以上は長くしないのがコツである。

そのためにも、文のつなぎ方には直列つなぎと、並列つなぎがあることを知っておくのは無意味ではないと思う。もちろん、並列つなぎでできている文に、さらに別の文が直列でつながっているなんて場合もある。実際にはそういうケースが多いだろう。たとえばこんなの。

「私が見たのは、妹の言ったことを真に受けた彼が妻を殺す光景だったから、これはすぐさま警察に届けなければと思った。」

そんな方法で長い文を書いたら、それと、短い文とをバランスよく並べて、リズムを作るようにしよう。

決断や、最終決定や、実際の行動などは、短い文で力強く訴えるのがよい。そして、なぜそうなったのかの理由や、そうなった経緯などは、長い文で説明する。そこにリズムが生まれる。たとえば次のように、すべてを長い文で読ませてはリズムがない。

「私は、私がいるせいでこの家の人たちがあれこれ気をまわしてくれることが見てとれて、そういう気遣いをさせているのが嫌になってきたので、この家を出ようと決心した。」

これを、短文と長文の組み合わせにすると、ずっと読みやすくなり、結論がはっきりと伝わるのだ。

「私は決めた。この家を出よう。

私がいるせいでこの家の人たちがあれこれ気をまわしてくれることが見てとれて、そういう気遣いをさせているのが嫌になったのである。」

告知の文章などでも、決定事項や、改正されたルールなどを、最初に短い文でビシリと告げて、以下に長い説明をつけるほうがわかりやすい。たとえば次のような例。

「ベランダでの花火は禁止になりました。

以前から、火の粉が飛ぶこともあるだろうし、火事の心配があるからと一部の住人からあれは禁止すべきではという声が出ていたのですが、先週実際にベランダの花火が原因で火事になったマンションのあることが報じられたのを機に、住人臨時総会でベランダの花火は禁止と決定されました。出席者の全員が賛成でした。この新しいルールを、どうぞ守っていただきますようお願いします。」

この告知文が、「以前から」のところから始まっていて、花火は禁止、というのが最後に出てきたらまだるっこしくてたまらないだろう。要するに結論は何なのだ、というのがなかなかわからない実用文は困り物なのである。文章のリズムは理解のリズムでもあるのだ。

テンは読む人のために打て

そこで、句読点の打ち方である。

句点「。」の打ち方とは、つまり文をどう切るかの問題である。ブッ切れ文を並べれば「。」はいっぱい出てくる。そうではなくてやけに長い文を書けば、「。」はなかなか出てこない。

短文と長文をリズムよく並べろ、というのはつまり、「。」が、リズミカルに出てくればよい、ということだ。

×××。×××。×××××××。

これは三三七拍子だが、文章にもこんなリズムがあれば読みやすいということ。

ひとつ余談を。句点は普通、ひとつの文の終ったところに打つ。「モーニング娘。」というような変なのは別として。

だが、小説などでは、セリフをあらわす「　」の中や、注釈をあらわす（　）の中での最後の文のおわりの句点は省略するのが普通のようである。

「はい。わかりました」

という表記が最近では普通なのだ。ところが、学校の教科書や、児童向けの本では、「　」の中の句点を省略しないルールである。

「はい。わかりました。」

の方式なのである。それで、私は以前に吉本ばななさんの『キッチン』という小説を読んで、「　」の中の最後の句点がちゃんとあることに気がつき、作者の若さをそこに感じて、新鮮な印象を受けたものだ。

（この文章教室では、「　」の中の最後の句点が、ついているケースがある。それがセリフであることをあらわす「　」ならば最後の句点は省略するのだが、「　」の中が引用文だったり、説明のための見本の文だったりの場合は、句点を省略してはおかしいかなと思うからである）

では次に読点「、」の打ち方。

読点は、長く続きすぎる文の、区切りのところに打つ点である。読点がなくて、はてしなくずるずるとつながっていく文は意味がわかりにくい。読点はひとつの文の中のリズムでもある。意味の切れ目に読点があることで、誤読を避けるのだ。

並列つなぎの文と、直列つなぎの文の話をした。あの、つなぎの部分に点を打っていくのが原則だと言っていいだろう。並列つなぎの文ならば、意味の区切りのところに打つ。

〈私は彼は文〉というのを説明したが、あれなど、主語が二つ並ぶことのわかりにくさを解消するために、読点を使うことがある。

「私は、彼が日本人だと知っていた。」

「、」ひとつでずっとわかりやすくなる。

だが一方で、読点の使いすぎで、かえってうるさく感じられる場合もあることを知っていてほしい。山登りをしているわけでもないのに、一歩進むたびに杖をつくように読点を打つのは多すぎるのだ。次のような例である。

「彼は、山田が、電話をかけてくる、ような気がして、つい、なんとなく、待っていた。」

どう考えても、次のように書くほうがいいだろう。

「彼は、山田が電話をかけてくるような気がして、ついなんとなく待っていた。」

右の文もその一例なのだが、〈主語はテン文〉というものがある。

「私は」と書くと、まず「、」を打つ文章のことである。「主語は、」と始まるわけだ。

この〈主語はテン文〉は、〈私は彼は文〉のわかりにくさを解消するために出てくることもあり、必ずしも悪いものではない。並列つなぎの文には、この書き方が有効な場合が多いのだ。たとえば次のような例。

「浩吉は、自分が尾行されているとは考えもしていなかったので、平気で愛人のマンションに行ってしまった。」

この場合ならば、「浩吉は、」とテンが入ることに意味があり、文がわかりやすくなると言っていいだろう。

ところが、次のような〈主語はテン文〉を書く人がいる。

「浩吉は、疲れていた。」

これは、浩吉だけではなくて、その文を書いている人も疲れているんだろうなあ。つまり、「浩吉は」と書いたところで、次どう書こうかなあ、と考えているのだ。いろいろ迷ったりしている。そこでつい、「、」を打ってしまうのだろう。

こういう読点は打ってはいけない。

これを今回の最後の教訓としよう。

読点は、読者がその文を読む時に、読みやすいように、意味がよくわかるようにと考えて打たなければならない。

その文を書いている人が、どう書こうか迷ったり、どうまとめようか考えたりしたところに、あいの手のように「、」を打ってはいけない。書き手の思考の休みの記号ではないのだから。

そこに注意していないと、本当に、疲れてくると「、」だらけの文章になります。

第四講　ですますであるのだ

文体論にまどわされるな

文章をなるべくうまく書きたいものだ、と願う一般の書き手が、巻き込まれるとろくなことにならないのが文体についての論考だ。あれについて様々な人の意見を読み、あれこれ考えれば考えるほど、どう書けばいいのかさっぱりわからなくなるのである。

世に出ているあまたの『文章読本』を読んでも、文体について論じているところは、何が言いたいのかさっぱりわからないことが多い。

どうしてそんなことになっているかというと、文体という言葉の意味がひとつではなく、いくつかの意味があって、なのにみんなが勝手に自分が考える意味の文体を論じるからである。

ある一派の人々は、文体とは文章の用途ごとの種類だと言い、書簡体とか、講義体、会話体、などに分類して説明する。

また別の一派は、文章の歴史的変移に注目して、漢文体、和漢混淆《こんこう》体、言文一致体、などを並べて文体を説明する。

しかし、普通の書き手にとっては、そんな国語の勉強はどうでもいいことだ。今さら和漢混淆文があるってことを知ってみたり、昔の手紙は候文という形式にのっとった書き方をしたのだとわかったところで、今自分が書く文章とは何の関係もない。そういう文体について詳しく知っていたって、それこそ役に立たない知識というものだ。

ところが、文体について論じる人にはもう一派あって、これが、ちょっと気になることを言うのである。

文体とは、名文にある味わいのことである、と。

夏目漱石の文体、とか、芥川龍之介の文体、なんて言い方をその一派の人はする。そういう名文家の、読んで心地いい文章の秘密は何によるものなのか、をこの派の人々は論じるのだ。そういう名文ごとの味わいの秘密を、文体と呼んでいる。

それは、ちょっと気を引かれる話である。なるほど、名文には文体があるのか、とか、名文は文体が優れているのか、と理解し、そういう文体を身につければ私の文章もよくなるのだと考える。その意味の文体なら修練して獲得したいものである。

ところが、そういう文体はどうすれば生じるのか、という話になると、きっぱりとノウハウを教えてくれる人はほとんどいないのである。文体は筆者の知性と人間性と風格がにじみ出て生まれるのだ、というような説明をされても、一般人が、そうかと思って真似できるものではない。

文体とは、その文章を書く人間の、どう語ろうかという姿勢に由来するものだ、というような説明もある。つまり、真心をこめて真摯《しんし》に語ろうとしているのか、よくわからないところには目をつぶってハッタリで語り抜けようとしているのか、気取ってムードでごまかそうとしているのか、わざと難解に語って読み手を煙に巻こうとしているのか、などの語りのスタンスが文体を生むのだと。どう語ろうかという作戦が文体のもとだという説である。

しかし、そんなことを言われても一般人が文章を書く時の参考にはならない。なぜならそれは、いい人はいい文章を書く、とか、思考の明晰な人の文章は明晰である、というような人物評価をしているだけだからである。

文章の技法としていい文体をめざしている人間にとって、この名文を書く人は人間性がいいんだ、なんていう説明をされてもとまどうばかりだ。そういう人間への評価ではなくて、文章を書く上でのコツが知りたいのですが、という気にもなるであろう。

文体とは、名文だけが持つ玄妙なものである、みたいな説明をされても困るだけだ。どうすればそれが書けるかが知りたいのに、そこをまともに教えてくれないのだから。

すると多くの文章読本家（造語です）は、真面目に書け、正直に書け、素直に書け、心をこめて書け、なんていう精神論を始める。また、少し変り種の『文章読本』だと、狙いを持って書け、読者をひっかけるように書け、少し気取って書け、などという面倒なことを言う。

そういうのは実は、一般人への文章の書き方ガイドではない。それは世にある名文の構造を解析しているだけなのである。いい文章はやはりうまく書いてあるなあ、という分析にすぎない。

文体についての論考のほとんどがそれなのだから、一般人はそんなものにまどわされてはいけないのである。

名文の秘密のことは忘れよう。そんなことより、自分がどう書くかのほうが重大なのに、世の文体論はそれには何も答えてくれないのである。文体のことはあまり考えないほうがいいのだ。


〈です・ます〉と〈だ・である〉


いい文章のみにある玄妙な味わいのことなど考えるより、もっと具体的なことをどうするかだ。

たとえば、文章には〈です・ます〉体と、〈だ・である〉体があるということは皆さんもよくおわかりであろう。その二つの形をどう使い分けたらいいのか。

「昨日は日曜日でした。毎月最初の日曜日には、ぼくは郷里の母に電話をかけるようにしています。」

という文章もあり、一方に、次のような文章もある。

「昨日は日曜日だった。毎月最初の日曜日には、郷里の母に電話をかけることにしている。」

この二つの文章のうち、どっちを書くほうがいいのかだ。

そう問えば、おそらく皆さんはこう答えるであろう。それは、場合による。誰に向けて書いた文章なのか、どんな気持で書いた文章なのか、などによって違う。それが手紙なのか、日記なのかによっても違う。更には、その文章を人に読まれた時、どんな人間だという印象を与えたいかによっても違う。

まさにその通りである。そこまでは誰にだってわかっているのだ。

普通には、〈です・ます〉体のほうが当たりが柔らかで、丁寧な表現だと受け止められる。〈です・ます〉は敬語表現だから、相手への気遣いや遠慮のある言い方になるのだ。

だから、手紙には〈です・ます〉体を使うのが普通だ。それから、不特定多数の人へのお知らせの文章なども〈です・ます〉体で書くことが多い。

「診察券をお持ちでない方は、受付にてお申し出下さい。」

となるのが普通だろう。

「診察券なき者は受付に申し出よ。」

という、戦前の大病院のような文章を表示しているところはおそらくないと思う。

つまり〈です・ます〉体は、礼儀正しくて、ソフトな言い方なのだ。読者に直接語りかけるような文章の場合、こちらを採ることが多い。

それに対して〈だ・である〉体は、読者への遠慮を排して、事実を力強く言い切るものである。

「富士は日本一の山である。」

という文章は、相手の同意を得ようとしているのではなく、事実を、もしくは書き手の主張を、ダイレクトにぶつけている。だからこれは、論説文、報告文、随想などに向いている。読み手への気遣いがあまりない。

そんなところが、とりあえずの差違であろう。だから我々は、手紙を書く時は普通、〈です・ます〉体を用いる。

「すっかりご無沙汰をして申し訳ありません。その後、お変りはないでしょうか。」

それに対して、自分の考えをまとめて投稿しようとなると、〈だ・である〉体を用いるのだ。

「日本人にはもともと、我こそが、としゃしゃり出るようなところがなく、つい一歩後退して群衆の中に埋もれていよう、というような精神性があったものである。」

右のようなことを書くと、自然に〈だ・である〉体になる。この文体だと、これは筆者の考えだな、というニュアンスが伝わるのだ。

だが実はこの文章を〈です・ます〉体で書くこともできて、その場合はまた別のニュアンスが伝わる。これを〈です・ます〉体で書くと、権威ある識者（有名人、先生）が、一般に向けて教えるように語っているニュアンスになるのである。

だから、大人が子供に向けた文章を書くと、〈です・ます〉体になることが多い。

「富士山は日本一高い山です。それは皆さんも知っているでしょう。」

〈です・ます〉か〈だ・である〉かは、案外複雑な問題なのである。手紙は〈です・ます〉論説文は〈だ・である〉なんて決めつけて、それですべてではないのだ。

一般の人が、うまい文章を書きたいものだと願う時、その文章は〈だ・である〉体のものではないだろうか。手紙もできればうまく書きたいもので、それは〈です・ます〉体なのが普通なのだが、それ以外には、人々はちょっとした論説文を書いて、世に発表してみたい欲を持っていたりするものだ。それがよどみなく、文意も明瞭に伝わる文章が書ければ、利口そうに見えるのに、と憧れているのではないか。

なのに、〈だ・である〉体の文章は思いのほかむずかしいのだ。なぜなら、その言い切り方を選んだということ自体に、その筆者のスタンスがあるのだが、それがよくわからないままに書いてしまって、その人の立場や、主張が不明瞭になることが多いのである。〈だ・である〉体を選んだからには、それに合う論旨を持たなきゃいけない、ということだ。さて、〈だ・である〉体とはどういう性格のものなのか。

〈です・ます〉には上下関係への意識が

小学生の作文は、その九〇パーセント以上が〈です・ます〉体で書かれている。誰かがそう書けと教えたわけでもないのに、彼らはその丁寧な書き方を自然に選ぶのだ。

「きのうは学校で授業参観がありました。ぼくはお母さんが学校へ来るので、いつもよりウキウキしていました。」

これを次のように書く小学生はまずいない。

「きのう、授業参観があった。なぜそんなことをやるのかさっぱりわからないつまらない行事である。」

いけませんね、少し遊びすぎました。別にこんな皮肉な内容にすることはないんで。内容は子供じみたことでいいのだ。そして、ただ文章だけが、〈だ・である〉体になっている。そういう作文があったってよさそうなものだが、それを書く小学生はまずいない。

小学生が〈だ・である〉体の文章に接していないわけではない。教科書にだって、「太郎は心細くなってきた。」式の文章は載っている。小学生の目に触れる文章のすべてが、「心細くなってきました。」式のものというわけではないのだ。

だから小学生は〈だ・である〉体の文章も知っている。なのに作文にはそれを書かず、必ずカマトトっぽく〈です・ます〉体を書くのだ。

それはなぜか。その理由は、小学生はその作文を誰が読むのか、ということを意識しているからであろう。作文は、とりあえずは先生が読む。先生以外の大人が読むこともある。いずれにしても、作文とは大人に読まれて吟味されるものだと小学生は知っている。だから、「きのうは一日中雨だった。」というような、ナマイキな文章は書けないのだ。自分は小学生である、ということをちゃんと意識して、「きのうは一日中雨でした。」とあどけなく書いてしまう。

ところが、小学生に、物語を書かせてみると文体に変化が生じるから面白い。自分で作ったおはなしを書いてごらん、と言ってみると、次のような文章が自然に出てくるのだ。

「コン吉は村でいちばんチビのキツネだ。」

それが物語ならば、小学生が書いて先生が読む、という構図から離れて、自由に書いていいはずだ、ということを小学生は直観的に知っているのだ。物語の作者は、その物語を語る上では絶対の存在だ、という原理がわかっているのである。

そう考えてみると、〈だ・である〉体の本質がわかってくる。〈だ・である〉体とは、それを書いた人の立場や実態から離れた、絶対の話者の文体なのだ。

小学生も六年生くらいになると、ふと、〈だ・である〉体で生活作文を書くような子が出てくる。最初のそういう作文に出会うのはとてもドラマチックである。

「ぼくの姉は恐怖の独裁者だ。」

小学生が少しユーモアをこめてそう書いた時、その子は大人の語り口を身につけたのだ。この書き方をすることの快感を間違いなく感じているはずである。女の子でも、六年生にもなるとこう書きだす。

「私の希望は身長百六十センチ。なのにまだ十五センチもたりない。くそっ、アセル。牛乳を毎日飲んで絶対に背が高くなってやるぜい。」

カマトトの〈です・ます〉体から脱し、絶対の話者になった喜びがにじみ出ているではないか。

私はそういう作文に、コメントをつけて返す。それで、〈です・ます〉体の作文には〈です・ます〉体のコメントを、〈だ・である〉体の作文には〈だ・である〉体のコメントをつけるのだ。

「おもしろいたいけんをしましたね。たのしさがつたわってきます。」

「皮肉な書き方がいい効果を出している。うまいものだ。」

つまり、〈です・ます〉体には、上下関係へのこだわりが内在している。だから、相手が〈です・ます〉体なら、こちらもそれに応じるのだ。

〈です・ます〉体は、私が私人として特定のあなたに語る文章である。そして、特定のあなたは、格上か、または格下だということが意識されている。

それに対して、〈だ・である〉体は、私が公人として不特定の一般に対して語る文章なのだ。この場の話者は、神の如き絶対の存在である。だからこそ、論旨に不明瞭なところがあったり、説明不足であったりしてはならない。

あなたは文章を書こうとする時、無意識のうちに〈です・ます〉体か、〈だ・である〉体を選んでいるだろう。だがその二つには、覚悟の違いがあるのだ。それをきちんと認識した上で、なるべくならば〈だ・である〉体の文章を書くようにするのがいいだろう。

言い切りの形は統一しよう

ひとつの文章の中に、〈です・ます〉と、〈だ・である〉を混ぜてしまうことは、できるだけ避けるべきである。これは大原則として守ったほうがいい。
「火星は地球のすぐ外側の軌道をまわる惑星であり、水もあり、大気もある。一年は六百八十七日で、その一年には四季があります。半径が地球の半分くらいで、重力は小さい。大気の成分を、酸素を多くするなど改良して、濃度をあげれば、地球人が住むことも可能なのです。」

右のような文章は、話者のスタンスがぐらついていて、読んでいて落ちつかない気分になる。事実を書いているのか、話者の意見を述べているのかはっきりしない印象になるのだ。もちろんこれは、すべて〈だ・である〉体で書くべきであろう。
「というわけで、恥かしながら年を越すのもままならないほどにせっぱつまってしまいました。勝手なお願いですが、五万円ほど貸していただけないでしょうか。以前には私が金を貸したこともある。どうぞよろしくお願いします。」

これなども、「私が金を貸したこともある。」の言い切りが不適切である。せっぱつまって逆上したのか、という印象になる。

そういうわけで、〈です・ます〉体で書いているなら、すべてをそれに揃える。〈だ・である〉体ならばすべてそれで、というのが原則である。それが入り乱れると、文章が幼稚になり、筆者の心の乱れまで見抜かれる。

なのに、案外このミスをして平気な人がいるので、書いた文章はちゃんと読み返して、言い切りを統一してもらいたい。

と、ここまでが原則論。ところが世の中には、言い切りの語尾がバラバラで、それでも名文だというものがある。〈だ・である〉体で書いている文章の中に、ふいに〈です・ます〉体が混じってきて、それでも変じゃない文章があるのだ。そういう文章の名人が、エッセイや談話調の戯文を書く時の丸谷才一氏である。

丸谷氏の『輝く日の宮』は小説だが、その第2章はエッセイ風の書き方であり、そこでは〈だ・である〉体と〈です・ます〉体が入り混じっている。

「中学国語教科書にはたいてい、いや、必ずと言つていいか、芭蕉の『奥の細道』の出だしのところが載《の》つてゐる。ほら、『月日は百代の過客にして、行きかふ年もまた旅人なり』といふあれです。この『百代』は全部が全部『百代《はくたい》』となつてゐる。あれがわからないんだな。どうしてハクタイなんて仮名を振るんだ。普通にヒャクダイでいいぢやないか。」

なんでもないようだが、これは見事に計算された文章なのである。

普通に考えれば、「載っている。」と書いたら次は「あれだ。」と揃えるべきである。もしくは、「載っています。」「あれです。」と揃えるとか。

ところが丸谷氏はこういう不揃いを意識的にやっている。そして、その語り方によって、学問的なむずかしい話を、とっつきやすいものにしているのだ。

「ほら、……あれです。」という文章が、学問的な記述の中にふっと出てくると、読者は、教授の雑談に誘い込まれるような気分になるわけだ。また先生の面白い脱線話が始まるぞ、と思う。

〈です・ます〉体には上下関係への意識が含まれている、と分析したが、そのことが見事に利用されているのだ。「ほら、……あれです。」と言われたとたんに、先生の雑談だという気分が生まれる。

その上ここでは丸谷氏は、「わからないんだな。」「いいぢやないか。」という、つぶやきのような文章さえくり出して、気楽にきいて下さいよ、というシグナルを送っている。これこそが、学識豊かな氏にしかできない、丸谷節というものである。

しかしまあ、一般の人はこれを手本にはしないほうがいいだろう。なぜなら、あなたが学識豊かな名先生だということは、世に知られてないからである。一般の人がこの真似をすると、単に文末が乱れている、という印象にしかならない。

実は私も、丸谷氏のこの語り口を真似て時々、〈だ・である〉体の文の中に〈です・ます〉体を混ぜることをしてみるのだが、多くの場合は校閲の人に、文が乱れてます、という指摘をされてしまい、もとに戻す。私にはまだ、その書き方は許されないのだな、と思う。

我々のような一般人は、あくまで〈だ・である〉体で統一するのが正しい書き方のようである。

第五講　しゃべくり文ですの

くだけた調子の文章

文章にはいろいろな調子がある。たとえば、事実だけを淡々と書いていて怜悧な印象を与える文章もある。激しく断定したり、主張をたたみかけたりして、力ずくで納得させようという文章もある。過不足なく説明して、思いつきで決めつけたりしない真面目な印象の文章もある。

文章を書くのが巧みになってくるというのは、いろんな調子の文章が書けるようになることだとも言える。

「友よ、夜明けは近いのだ。」の調子の文しか書けなくて、「私の願望は貴女に私の恋情を知ってもらうことだ。」とラブレターに書く人はフラれると思う。場合に応じてそこにふさわしい調子の文章を書くことが大切である。

そう考えているうちに、くだけた調子の文章を研究したくなった。読んでいて、ふとニヤついたり、気が楽になったりする、くだけた調子の文章があるが、あれはなかなかのテクニックだと思うからだ。

私は最近、一部の女性エッセイストなどが、本音丸出しといった感じの、くだけた文章をとてもうまく書くのに注目し、感心している。そして、そのことには時代の変化もあるのでは、と思っている。

ほんの三十年ぐらい前までは、女性のエッセイは真面目な調子のものが多かった。言葉選びの品がよくて、感性が繊細であり、それでありながら〈だ・である〉体で論理的に破綻なく語られ説得力を持っていた。そういうのが女性によるいいエッセイだったような気がする。

ところが、そのあたりからだんだんと、女性たちが軽い調子の文章を書くようになってきた。特に、女の本音をうち明けるようなエッセイで、とてもうまくくだけた調子の文を使うのだ。

もちろんエッセイだから、基本的には〈だ・である〉体の論理的な文で語られる。ところがその中に、時々、笑いながら内情を暴露するような語りがまじり、読んでいてほっと息が抜けると同時に、そうそう、と同感する効果を出すのだ。

大きな流れとして捉えれば、それは女性が過去にあったしばりから解放され、自由に書くようになったということだろう。それどころか時にはたくらみを持って文章を書く場合もあるのだ。そうなってきて女性のエッセイがぐんぐん面白くなってきた。

たとえば、ごく普通のまともな文章の中に、ふいに「しかしなあ、」なんて言葉をはさんでくるようなのが、女性たちのくだけた文章である。

「私だって学校の中で校長がいちばん偉いということぐらいはわかっている。しかしなあ、あそこまでイバルかな。」

この書き方のせいで、そのことの程度まで想像でき、あきれるような思いがすんなりと伝わる。そうだそうだ、と書き手を応援したいような気持にさえなる。この書き方は、実はかなり技巧的なものなのである。

言ってみれば、真面目な文章の中に、ふいにツッコミが入るような感じだ。漫才のツッコミは、「おうおう偉そうに」とか、「そこまでは言うてないがな」とか、「よしなさいって」、「むちゃくちゃ言うなよ」などと、相手の気取りや脱線や悪ノリをとがめ、相手を引き戻す、あるいは引きおろすものだ。

それと同じように、女性たちは真面目な文章の中にふいに軽口をまぜることにより、自分と読み手をクールな観察者の視点に引きおろすのだ。

くだけた文章の中の、ツッコミ用語には種類がたくさんある。

「そこまで言うかよ。」

「下心見え見えじゃん。」

「私はそんなことを言ってるんじゃなーい。」

「悪かったわね、おばさんで。」

「なんと言うか、まさに××としか言えないタイプですよ。」

「キレましたね、私そこで完全に。」

「笑っちゃいました。」

「なんで私の責任になるわけ。」

「これはソートーに精神衛生に悪いですよ、ホント。」


右のような言い方を、女性エッセイストたちは真面目な論考の文章の中に絶妙にまぜてくるのだ。次のように。

「たとえばテレビに出てるタレントひとつをとっても、男と女ではまるで別のことを見ているのだ。あるCMを視て私が、この男の子だいぶん逞《たくま》しくなったね、などと言っても、男友達は、誰だよそいつ、って感じだったりする。そして反対に、彼が、この女の子が今いいね、と言ってるのをきいて私は、こんな子前からいなかったっけ、と思うのだ。ものの見事に、自分と同性の人間にはあまり注意を向けてないのだとわかる。結局そーゆーシンプルなしかけになってるんだよねえ、笑うけど。」

〈しゃべくり文〉の親しみやすさ

さてそこで、そういうくだけた文章の正体は何かというのをよく考えてみると、実はそれらは、しゃべり言葉を文字にしたものだということがわかる。「しかしなあ、」や、「そこまで言うかよ。」や、「悪かったわね。」などはしゃべる時の言葉なのだ。

本来エッセイというものは、手紙とは違って不特定の多数に発信するメッセージだから、〈だ・である〉体を使って中立的に、かつ、絶対的に語るものだ。自分の主観を語る時だって、「そのことが私には以前から不思議でならない。」などと、第三者的に書くものである。

論説的に文章を進めてきて、いきなり「なんでだろう。不思議だなあ。」と書くのは破調である。

ところがこの、しゃべり言葉をふいにまぜるという破調をやってみると、筆者の肉声がきこえるような気がし、本音がわかるようでもあり、急にくだけた調子になるのだ。

つまり、くだけた文章とは、堅い文章の中に、しゃべり言葉を書いてしまう、というテクニックなのである。

そう分析してみると、このテクニックは必ずしも女性だけのものではないし、昔もなかったわけではない、と気がつく。

たとえば戦前の女性が手紙を書く時、「……でした。」、「反省しています。」、「ずいぶんお待ちしました。」という調子に〈です・ます〉体で書いていて、ふいにしゃべり言葉をまぜるという手が確かにあった。「それってずるいやり方だとお思いになるかしら。」なんてのがその技である。

「ひねくれたやり方だなあと自分でも思います。あの方のおっしゃりたいことはよくわかっているのに、そんな態度をとるのですから。でも私って、本当はそういう女なんですの。」

この、「お思いになるかしら。」や「私はそういう女なんですの。」という文章を読むと、突然耳もとで甘くささやかれたような気がする。ふいに、しゃべり言葉になる乱れが、つい気を許したという油断を感じさせるのだ。そこで、相手の本心がありありとわかるような気がする。

現代の女性エッセイストの「しかしなあ、」も、同じ心理的構造から出ている。男だってこの、いきなりしゃべり言葉、という技を使って、くだけた調子に語ることができる。

「というわけでだいぶん話がそれてしまったので元に戻すが、えーっと、そもそも何の話をしていたんだっけ。そうそう、CGを使いすぎた映画はつまらん、という話だった。」

こういう文を、例によって私の個人的な命名で〈しゃべくり文〉と呼ぶことにしよう。

するとここまで考えてきたことは、〈しゃべくり文〉をうまく使うと文章がくだけた調子になる、という問題に整理できる。もちろん、うまく使わないと逆効果になる、ということも大いにありうるのだが。

振り返ってみれば、私も文章をとっつきやすいものにするために、〈しゃべくり文〉をしばしば使っている。編集者にあてて、原稿が遅れてしまうことの詫び状を書いていてさえ、部分的にくだけた調子にするのだ。

「月末になってしまうと、毎月の連載物をこなさなければならなくなり、それに一週間は時間をさかなければなりません。そのため、シンプルにあと十日締切りをのばしていただければ書きあがる、と約束できないのです。そもそもあれもこれも書きすぎているんですよねえ、そこが問題なんだなあ。」

最後の、語りかけの調子で、親しげににじり寄って見逃してもらおう、という作戦があきらかにある。

〈しゃべくり文〉を、（ ）の中に書くというやり方もある。

「そこでおれは、さり気なく金をその婆さんに渡してその場を去った。かなり格好よかったと思う（ほんとかよ）。でも、おれの行動に気がついた者は一人もいなかったのだ（いっつもそうだ）。」

これなどは、〈しゃべくり文〉が堅い本文へのツッコミになっているというのが、よくわかる例だろう。

たとえば、〈しゃべくり文〉をわざと関西弁で書くことによって、これはツッコミである、ということを強調することもできる。

「例によって、独自性のない私のことだから、奈良へ行って見物するのは東大寺であり、興福寺も見て、それから唐招提寺と薬師寺にまわり、最後は法隆寺でしめくくったのだった。なんやそれ、小学生の遠足コースやないか。」

でも私がこのように書くと、関東の読者のほとんどが、いつもの名古屋弁のところが面白かったです、と言うのだ。返答に困ってニヤニヤするしかない。

真の言文一致は不可能

たとえば若い女の子などが、手紙を書いていて、ふいに幼児語や、動物語を書くことがある。こんな風だ。

「そのヒトはすごく頭がよくてカッコイイんですが、そのせいで話してるうちに、ヘーゲルがさ、とか、ニーチェだったらここはさ、とか言って私を困らせるのです。うえーん、ついてゆけないもーん。」

動物語の例はこう。

「なのにお父さんは急にプリプリ怒りだして、もう帰るぞ、なんて号令をかけるのだった。何が気に入らなかったのだろう、わからんにゃー。」

「すっごくムカついて、私は誰が相手でもくってかかりたい気分になった。ぐるるう、わん。」

こういう書き方を私は、〈おふざけ甘え書き〉と呼んでいるのだが、これも〈しゃべくり文〉の一種である。

〈しゃべくり文〉は、正調の文章の中に、本来そこにあるべきでないしゃべり言葉がまじることにより、親しみやすさを演出している。ところが少女たちは、自分の書く文章が正調と言えるほどのものではないことを知っているので、それをくだけた調子にするために、自分より幼いもの、弱いものの口調を導入するのだ。

幼児語を使うのは、甘えるためである。と同時に、照れかくしでもある。いずれにしても、破調を見せることによって親しみやすさを出している点において、〈しゃべくり文〉と同じものである。

さてそこで、もう一歩考察を進めてみるが、なぜしゃべり言葉を文章で書くと、正調ではなく破調になり、幼稚になり、それをうまく使うと親しみやすくなり、本音に触れたような好感を持つのであろうか。

その答は簡単である。本来、文字で書く文章と、口で話すしゃべり言葉とは違うものだからである。書く文章のほうが普通に考えれば知的であり、正統のものだとされている。書く文章には記録性があり、何度でも再読が可能で、つまりより深く吟味される。だからちゃんと書かないと笑われるのだ。

それに対してしゃべる言葉は、その場限りのもので、その時きこえた人だけに対するものので、そう厳密でなくたっていい。少々文法的に変なところがあっても、言いたいことが伝わりゃいいよ、というところがある。

書く文章のほうが公的で、よそゆきで、ちゃんとしているのだ。しゃべり言葉のほうはそれよりずっと私的で、カジュアルで、いい加減である。

このことは、明治期におこった言文一致運動を知っていると、ちょっと不思議な気がする。あの時日本人は、書く文章をなんとか話す言葉に近づけようと、大いに工夫をしたのだから。

江戸時代には、手紙などの候文も、物語の文章も、しゃべる言葉とはかなり違っていた。だから明治に、作家たちは新しい文章を作ろうとし、しゃべる通りに書く、という道を大いに研究したのだ。

そして、その活動は明治期だけで終ったのではない。その後も文学では、ますますしゃべり言葉に近づいた文章になってくる、という流れをたどっている。

昭和軽薄体、というような文章が注目されたこともあったが、あれも、よりしゃべり言葉に近づけよう、という動きであった。

「そこでわしは、よーしよーしやってやろうじゃねえかと腕をぐるんぐるん振りまわし、目からバキバキとざけんなよ光線をはなちながらその兄《あん》ちゃんに接近していったのだった。」

この文章だって、しゃべり言葉と書く文章のコラボレーションなのである。

なのに、窮極のところでは、書く文章は絶対にしゃべり言葉と同一のものにはならないのだ。本当に人間がしゃべる通りに字を並べていくと、文章はガタガタになり、文章として成立しなくなる。たとえば、借金申し込みの手紙をしゃべる通りに書いてみれば、そのことがすぐわかる。

「あの、いやこんなこと言えるような義理じゃないし、てゆうかこれまでにいろんなことで助けてもらってること思や、いかんのですよ、言えんことですよ。それはわかってるんです。すっごくわかってるし、いやすっごい恥かしいことなんですけどね、ほかに頼る人がないってことだから。でも、ここでもういっぺん、もういっぺんだけ十万円貸していただけたら、おれ生まれ変ります。嘘じゃありません、おれ心底そう思っているんです。」

こんな手紙では最後まで読む気がしないだろう。

どんなに言文一致運動を進めてきても、書く文章は、しゃべる言葉と同じものにはならないし、してはいけないということだ。書くとしゃべるでは、根本的意味あいも、目的も違うのだから。だから文章は、全部をまるっきりしゃべる通りに書くことはできないのである。それが前提だ。

タメロにならないように

そういう前提があるからこそ、〈しゃべくり文〉でくだけた調子を出すことができるのだ。

つまり、もともと文章と話し言葉は兄弟ではあるが性格を別にするもので、両者を混同してはならない、というのが原則なのである。

その原則がある上で、書き文章の中に計算して巧妙にしゃべり言葉をまぜると、つい本音がもれちゃった、という印象を読み手に与えられるのだ。そう思うと親しみがわく。

公的な場に、ふだん着で出てきた人を見たかのように、意表を衝かれ、ヒヤリとし、でもついニヤニヤと笑ってしまうわけだ。それが、〈しゃべくり文〉をうまくまぜると、くだけた調子になる、ということの精神的構造である。

女性エッセイストたちは、その機微がよくわかっていて、テーラード・ジャケットにTシャツとかビスチェをコーディネートするかのように、〈しゃべくり文〉を使ってカジュアルな語りを演出するのである。

だが、忘れてならないのは、本来、しゃべり言葉では文章は書けない、というのが原則だということである。つまり、あのくだけた調子の文章は、とてもきわどいところに、絶妙のバランスで成立しているのであり、ひとつ間違えたらひどい結果になるのだ。

読み手との関係に配慮しなければならないのはもちろんのことだ。エッセイストならば、その人の愛読者に向けて書いている。エッセイというのは、すべての人に同感してもらわなくてもよくて、わかってくれる人だけに伝わればいいのよ、というところがあるから。

ところが、たとえば新書本に教育についての論考を書く時には、わかる人だけ読んで下さい、というわけにはいかない。現実にはなかなかすべての人を同感させる文章は書けないものだが、とりあえず目標をそこに置いて書くわけだ。そういう場合に、私的な匂いのする〈しゃべくり文〉を書いてくだけた調子にしていいのか、悪いのか。

手紙の場合でも、くだけた調子にしていいのかどうか、よく考えなければならない。お礼状や、感謝状や、正式の招待状や、詫び状などは、くだけた調子にしないほうがいい。

相手が目上の人か、目下の人かによっても、もしくだけた調子にするとして、使う〈しゃべくり文〉が違ってくる。

「ところがだんだん騒ぎが大きくなってきて、ついには私を指さしてみんなが大声で何かわめいているんです。どうやら私は彼らのタブーに触れてしまったようなんですが、こっちは何がイカンのかわからんのですよね。」

「ところがだんだん騒ぎが大きくなってきて、ついには私を指さしてみんなが大声で何かわめいているのです。どうやら私は彼らのタブーに触れてしまったようなのですが、私には何が問題となる行動だったのかわからないわけですね。」

前者が後輩にあてた手紙で、後者が先生にあてた手紙というわけだ。〈しゃべくり文〉でくだけた調子にするといっても、誰に読まれる文章なのかを考えて、細心の計算がいる。

若い人のよく使う言葉に、タメ口《ぐち》、というものがある。上下関係を意識しない対等のしゃべり方、敬語ではない言い方、という意味だ。後輩が先輩に対して、

「あんたがやったんだろ」

と言えば、

「お前、誰に向かってタメ口きいてるんだ」

と文句を言われる。

また逆に、親しくなってきた相手にいつまでも敬語を使っていると、

「そうですか、なんて言わないで、タメでしゃべろうぜ」

なんて言われることもある。

〈しゃべくり文〉で文章を親しみやすくするのは、へたするとこの、タメ口のようになってしまう危険性がある。文章は基本的に万人に向けた公的なもの（手紙は別）なので、タメ口にまでなってはまずいだろう。

そのあたりに注意する必要はあるが、でもあなたも積極的に〈しゃべくり文〉を使ってみてはどうだろうか。ふと、本音をもらすようにしゃべり言葉を書いて親しげにするという技ですが、これが意外といい感じなんですよ。こいつ、やるう、なんて思われるかも。

と、最後に〈しゃべくり文〉を使ってみたところで、この話はおしまいとしよう。

第六講　伝えたいこと伝わるように

ちゃんと伝わることが第一の目的

この講では、文章を書く時に、何をめざし、どう心懸けるべきかについての、私の考えをまとめてみたい。そこで、私がこれまでに書いたその問題についての考察文を紹介することにした。自分の書いたものを利用するのだから、どこからも苦情の出る心配はない。

第一に紹介するのは、「まず伝わってこそ文章」という題名のものだ。「文藝春秋　特別版」二〇〇二年九月臨時増刊号に発表した。

次のようなものである。

文章を書く時にいつも気になっているのは、次の二つのことのバランスをどうとるかである。その二つとはこうだ。

①言いたいこと、伝えたいことが曇りなく読み手に伝わるかどうか。

②この文章を書いている私が利口そうに見えるかどうか。

この二つはかなり方向性が違うことなので、こうして二つ並べてみると奇妙な感じがするかもしれない。意味が正確に伝わるというのは、文章に求められる実際的な利点である。それに対して②のほうは、他人の評価を気にした技巧的なことであり、それをあんまり気にかけているのもみみっちいような気がする。

しかし、正直に告白してもらうならば、ほとんどの人は文章を書く時にこの二つのことを気にしているはずである。

つまり人は、文章を書く時に無意識のうちにかもしれないが、よくわかるなあ、と言われたいと願っており、同時に、うまいなあ、と言われたい望みも持っているのだ。

ところが、普通に考えると、この二つの願望が二つ同時にかなうというのは非常にむずかしいことなのだ。つまり、わかりやすく書きすぎるとあまり利口そうには見えず、利口そうに書きすぎると、名文なんだろうな、とは思うものの、よくわからない文章になることが多い。

だから普通は、この二つのことは対立する概念だと思われている。平易な文章は素人っぽく、難解な文章は芸術的だ、なんて。

谷崎潤一郎の有名な『文章読本』でも、冒頭近くにこの二つのことに触れている。谷崎はいきなりこんなことを言うのだ。

「私は、文章に実用的と芸術的との区別はないと思います。文章の要は何かといえば、自分の心の中にあること、自分のいいたいと思うことを、出来るだけその通りに、且《かつ》明瞭に伝えることにあるのでありまして、手紙を書くにも小説を書くにも、別段それ以外の書きようはありません。（中略）そうしてみれば、最も実用的なものが、最もすぐれた文章であります。」

実用的な文章とは何か、芸術的な文章とは何か、ということが今ひとつピンとこないので、ここで谷崎の言っていることはわかりにくいと評判が悪い。しかしこれは結局のところ、伝わるように書くか、利口そうに書くかの二者択一に悩むことはない、と言っているわけである。

谷崎の『文章読本』は一般大衆に向けて、文章の指南書として書かれたものだから、彼はきっぱりと、伝わる文章でいいのです、と明言するのだ。利口そうに見られたいが故の技巧的でむずかしい文章のことは忘れなさい、と。

ただしもちろん、彼自身が小説を書く時には芸術的な文章を意識していなかったはずはない。実用的な文章が最もすぐれた文章である、なんていう考えで、あのきらびやかでよどみのない美しい文章が書けるわけがないのだから。谷崎は、素人ならば意味さえ伝わる文章ならそれで十分です、と言っているだけである。

ただ、谷崎の文章というのはどんなに難解なことを書いても、複雑な心理を書いても、文章上にはまったく濁りがなく意味がつるつるとよくわかるという奇跡のようなものである。あんなによくわかって、なおかつ美しいのだから脱帽するしかないのだ。

人は文章を書く時、ついつい利口そうに書きたくなる。それは当然のことで、それがうまくできたら名文になるのだが、失敗すると目もあてられない悪文になるというおそろしい一面がある。学者などが知識をひけらかし、奇をてらい、しばしば言葉足らずに自分にしかわからない難解な文章を書くのがその例である。

私は、若き日に谷崎の文章の曇りのないわかりやすさに感嘆した人間なので、どちらかと言えば、文章を、わかりやすく誰にでも伝わるように書きたいと考える一派だと思う。人に言いたいことが伝わってこその文章であって、気取りは二の次だろう、と思うのだ。

そう思うがあまり、時として説明がくどくなることがあって、自戒している。しかし、そういう、伝わる文章を書きたいと願う私にだって、うまいなあ、と思われたいという憧れはある。文章を書くからには、そのスケベ心と無縁でいられるものではないのだ。

結局、最初にあげた二つのことの、バランスをどうとるかである。

私は、この頃、こう思っている。

まずは、徹頭徹尾わかる文章を書こうと心がけることなんだろうな、と。とにかく、わかること、伝わることをめざすのだ。

人に何かを伝えるためには、現象を数多く知っていなければならない。その現象の原因がわかっていなければならない。そして、どう説明すればずっとわかってもらえるかの技巧も持っていなければならない。

まずは、そういう修業をして、曇りなくわかる文章というものを目標にすることだろうと思う。

それが仮に自在にできるようになった時に、もうひとつの憧れの要素、利口に見えるという美点がいつの間にか発生しているのではないだろうかと思うのだ。あまりにもよくわかる文章なので、達人の技巧の冴《さ》えすら感じられてしまう、という形で。

そのうまさは、初めから技をしかけて、ひねりにひねって書く利口ぶりとは別のものであって、よくある失敗であるところの、ひとりよがりのただ難解な悪文になることが少ないのではないだろうか。

利口そうに見えるように、という願望はひとまず忘れよう、ということだ。それよりも、誰にでもちゃんとわかること、伝わることをめざして書く。そうして思い通りに文章が書けるようになったら、自然にうまさも手に入っているのでは、と思うのである。

伝わるための技巧は簡単ではない

右の文に書いたことは、私の文章観の根本にある考え方である。第一講でちらりと書いたのだが、文章の最終的な目標は、読み手を同感させること、それによって動かすことだと思っているからだ。同感させるためには、まず言いたいことがちゃんと伝わらなくては話にならない。

ただし、右の文章をただ表面的にだけ読んではいけない。今ここでやっているのは文章教室だから、あえて右の文の中にあるたくらみも、私はここで解明してみることにする。

私の、「まず伝わってこそ文章」という短文には、読む人をできることならば同感させたいがために、実はいろいろとしかけがほどこしてある。

そのいちばん大きなことは、この文の中で私は、わかるように、伝わるように書くことを、素人っぽい初歩の技であるかのように匂わせている点だ。利口そうに書きたいのは理解できるが、まずはもっと基本の、意味がすんなりわかる文章でいいじゃないですか、という語り方をしている。高度な技より基本の技を、という感じに書いている。

それは、我が文章術を誇る、という感じになると、読者が、なにを偉そうに、と反撥するおそれがあるからだ。反撥されては私の考えが、ひとに伝わり同意させることから遠のく。

私が書いたこの文は、私の書き方、という特集の中に納められるのだ。そういう特集の中で、これが正しい考え方である、という顔つきで語っては、人はかえってシラケて動かされないだろう、という読みができる。

だから、私は、素人っぽいことを言うようですが、というスタンスでこれを書いている。自分の自慢のように読めたら失敗だと思っている。

実は、言いたいことがちゃんと読み手に伝わるように書くというのは簡単なことではなく、かなり高度な技も必要なのである。まず何より、言葉をたくさん知っていて、その中から適切なものを選んで使ってないといけない。いちばん頭にすんなりと入るのはどの言葉か、という吟味が必要なのだ。

「そこんとこがさ」という会話的言い方がある。それと似たことを文章にしようとして、言い方は無数にあるのだ。

「そのところが、」

「その点が、」

「その面が、」

「その部分が、」
「その側面が、」
「その意味で、」
「その前提で、」

そのようにいろいろある言葉の中から、最も適切なものを選ぶからこそ、すんなりわかる文章になるのだ。わかる文章は全編、その吟味でできている。

この文章の中での、用語の吟味を二つばかり振り返ってみよう。

私が文章を書く時に気になっている二つのことが冒頭に書いてあるが、そのうちの②の、「書いている私が利口そうに見えるかどうか。」という言い方は、実はとても策略的なものである。これは普通なら、「大人っぽい知的な名文が書けているか。」でもよさそうなものである。

なのに私はわざと、「利口そうに見えるか」という俗っぽい、みみっちい言い方をしている。ここには、誰だって本音はこういうことでしょう、という正体暴露の気分がこめられているのだ。そして同時に、そういうのは結局格好づけなのであり、文章にとっては二の次のことなんです、という主張が早くもにじませてある。

にじませてはあるが、少しユーモアのある言い方なので、つい笑って読んでしまうようになっている。

そして論が進んで、私はこう書いている。

「伝わる文章を書きたいと願う私にだって、うまいなあ、と思われたいという憧れはある。文章を書くからには、そのスケベ心と無縁でいられるものではないのだ。」

右の文の中の、スケベ心、という言葉は、いちばん伝わるのはどの言葉だ、という吟味によって選ばれているのだ。ここはごく普通に、「その憧れと無縁でいられるものではないのだ。」でも文章的には少しも変ではない。むしろそのほうが普通だろう。

しかし、スケベ心という俗な言葉が使われていることにより、苦笑のうちに微妙なことが伝わるのだ。

欲だな、色気のことだな、それをスケベ心と言っちゃうか、まあそういうことだろう、と受け止められるだろうという計算があるのだ。

そして、でもそういうスケベ心のことはいったん忘れたほうがいいのだ、という私の主張が、ここでもう、この言葉が使ってあることによって半分伝わっていくのである。

私はかなりややこしい話をしている。自分の書いた文章を紹介して、私は文章にとって大切なのは読み手に内容がうまく伝わることだと考えている、ということを伝えると同時に、そのことを書いた文章に、伝わるためのどんな工夫がしてあるかを分析しているのだ。

「時として説明がくどくなることがあって、自戒している。」割には混乱のおこりそうなことをしているわけだが、ここは文章教室なのだから少々くどくても語っておく必要があるのだ。

要するに、曇りなく意味が伝わる文章を書くのは、決して素人っぽくもなく、初歩的なことでもなく、大いに吟味と工夫をしなければならない高度な技であると、私は考えているのである。

たとえば、脳の活動についてわかってきた最先端の知識を説明する文章を、なるべくわかりやすく書こうとする努力の大変さを想像してほしい。それは、正しい情報を誤りなく書けばいいというようなものではないと想像がつくだろう。

こういう順序で説明すればいいかな、こういうたとえをすればわかりやすいか、まず先にあのことを言っとくほうが理解がスムーズか、などと大いに考え、工夫することになるだろう。世の多くの学者先生の書く文章にはその工夫がないから、高度なことを書くほどわかりにくくなるのだ。

そういう文章はうまくないいんだと思う、と私は言っているのである。

伝えたいことがしぼってある

伝わる文章、わかりやすい文章のことはそれでよいとしよう。しかしもう一方に、文章には美しさがある。読むと感銘を受ける名文もあり、書いた人を尊敬してしまうことがまれではない。その文章から筆者の知性と品格が伝わってきて、すがすがしい読後感を持ったりすることもある。

そういう名文の持っているよさは、どうすれば身につけられるのだろうか。

「まず伝わってこそ文章」の中で私は、そういううまさは、まず伝わる文章を書く修練をしていけば、その先に手に入るものではないだろうかと、少しぼかして書いている。

そのことへの考えを、もう少し具体的に書いた私の文章を紹介しよう。中日新聞に週一回「東京先生の文章教室」というものを書いていたことがあり、それの第十二回「文章の品格について」(二〇〇二年五月二十五日付)がそれだ。その前半には、「まず伝わってこそ文章」と似た主旨のことが書いてあるので、前半を省略して後半を紹介する。

文章というのは人間の持つ素晴しいコミュニケーションの道具なのだが、完全な道具ではなくて、ある面非常に不満足なものである。つまり世の中には、言葉ではうまく伝えられないことが無数にあるということだ。

たとえば、ネクタイの結び方を知らない人に、文章だけで教えようと試してみれば、文章の不十分さが痛感できるはずだ。実際にやってみせればすぐ伝わることが、文章ではうまく伝えられないのだ。

失恋した時の心の内なんてのも、どう文章で説明したって、真のところは伝えられない。小説などではそれを物語化して共感を得るのだが、現実の失恋男の胸の内とはほとんど別物なのである。

文章とはそういう不十分なものだからこそ、私はなるべくうまく伝えたいものだと願う。どう言えばわかるか、どういう段取りで語ればわかりやすいか、どういうたとえを用いればイメージできるか、ということを読まされる側の身になって考えている。

そういうトレーニングを積んで、一応情報を伝えられる文章が書けるようになれば、まずそれでよしとすべきだと思う。

もちろん世の中には、感服するしかない名文というものがある。文章が美しくて読むだけでいい気分になることもあるのだ。文章からそれを書いた人の知性や、人柄のよさが伝わってきて心が洗われたりする。文章のリズムが見事で、この人の書いたものをもっと読みたい、と思ったりする。

要するに、文章に品格があるのだ。この文章を書くというだけで、その著者を尊敬してしまったりする。

もちろん私だって、そういう品格のある文章には憧れるし、そういう文章が書けたらなあ、と夢見ないわけではない。

しかし、そういう品格のある名文は、文章のトレーニングによって書けるようになるものではない。文章の品格は、狭い意味の文章力によって出せるものではない、ということだ。

品格のある文章を書く人というのは、人間性に品格があるのだと思う。知性があり、人柄に嫌味なところがなく、利口ぶろうとするところもなく、純粋に感動できるという人が、素直に文章を書くとそこには品格がにじみ出るのだ。

紙に書きつけた文字からそんなすごいものがにじみ出るというのが、文章の面白さであるが、その品格は文章テクニックでは生み出せない。それをめざすなら、人間性を高めるしかないのである。

だから、文章を書く上での心がけとしては、ちゃんと伝わるように留意する、ということしかないのだ。わかりやすく曇りなく伝えたいと思い、その努力を重ねていけば、それだけで見事な文章になるのだと思います。

右の文の最後が、「だと思います。」になっているのは、原則としてはやってはいけないはずの、〈だ・である〉体と〈です・ます〉体の混用である。そして同時に前講で説明した〈しゃべくり文〉でもあるわけだ。最後にふっと、しゃべり言葉を書くことによって、くだけた、とっつきやすい印象にしようとしている。「以上、煩雑なことをくどくどと書きましたが、私はそんなことかなあと思ってるんですよ。」という会話で終りにするという技なのである。

この文章の中でも、私は、ちゃんと伝わる文章は修練で身につけられるが、名文にある品格はトレーニングでは身につかない、としている。それは文章力の話ではなく、人間性の問題なんだからと。

ここでは、まずそれをわかってもらおうと考えているので、ことさらにそう言っている一面もある。新聞の読者という大衆に対して、文学的な名文の分析と研究をしても場違いだろうと考えて、皆さんはちゃんと伝わる文章を書けばそれでいいんです、と言っているのだ。

ある著者の品格のある名文に少しでも近づきたければ、その文章を何度でもとことん読む、とか、書き写してみる、という修業法もあるのだが。

でも、それを書くのは、ここで伝えたいことではないから、と判断して私は、名文の品格のことはとりあえず忘れましょう、と言うのだ。

文章を書く時はそのように、ここでの目的は何か、ということをきちんとわかっていなければならないと私は思う。何を読み手に伝えたいのかが、クリアになっていなければならないのだ。

それがクリアならば、そのことが伝わるように、そして読み手が同感するようにという狙いを持って、そのために文章を工夫できるのだから。

そういう狙いが定まってなくて、そうそう私はこういうことも知ってるから書いておこう、という調子に文章を書くと、結局何も伝わらず、印象の濁った文章になってしまうのだ。伝えたいことを決め、それが伝わるように書くのが文章の基本中の基本なのである。

講談社補充注文カード

書店(帖合)印

注文数　　　　冊

講談社 ISBN　4-06-149738-3 C0281 ¥840E (2)

書名　大人のための文章教室

講談社現代新書

1738

著者名・他　清水　義範　著

9784061497382

講談社売上カード

書名　大人…

送り先：〒380-8581　長野市大字稲葉…

〈お願い〉売上カードは配本資料等に使用しま…

＊当カードの書名・著者名は製品本体と字体が異なる場…

本体 840円

C0

のための文章教室

ィア
内 講談社
上千田沖318番
。定期的に

第七講　近寄ってはいけない文章

学者の論文は訛っている

先日、生まれて初めての体験をした。国文学の学会というものに出たのである。大学教授が、学説を発表する学会だ。そのうちの、「パロディ、パスティーシュの市民権」というシンポジウムに、ゲストとして招かれたのだ。

私は、学説を発表したわけではない。テーマがパロディ、パスティーシュなので、そういうものを実際に書いている人間として、体験談を語ったのだ。それを書くようになったきっかけ、それを書くコツ、そしてパスティーシュとはどういう文芸だと思っているのか、などのことを話した。うけを狙った漫談のような話である。

だが、私のほかに二人の教授が、学説というか、考えたことを発表した。私はそれを、ステージの上の席にすわってきいた。

きいていて驚いた。同じ日本人が日本語で発表しているのに、私には教授たちの話がほとんど理解できないのだ。いや、理解できないと言うより、きき取れないに近い。何を言ってるんだかさっぱりわからないのだ。

記憶をもとに、少し再現してみよう。マイクを持った教授は、こういう感じに話をしたのだ。

「バフチンによりますと、笑いは厳粛性が硬化することを許さず、存在の未完了的統一性から分離することを許さない。笑いはこの両面価値的統一性を回復するのである、とあります」

口頭でしゃべっていて、この文章なのだ。

この再現版は、皆さん文字を読んでいるわけだから、まだしも意味がわかるだろう。しかしその学会に出席している人は、これを耳できくのである。

硬化は、耳にコーカときこえるのだ。それが、効果か膠化か硬貨か降下か高歌か後架かよくわからないのに、お話はどんどん進んでいく。ミカンリョウテキトウイツセイからブンリすることをゆるさない、とはどういうことなんだろう、と考えているうちに次の話になっている。

異同、異化、差異、附与、偏愛、侵犯なんていう言葉を、大いに使う。実はこういう語は、読めば意味がわかるが、耳からきくだけだと何を言っているんだかさっぱりわからないのに。

どうして、違い、と言わないで、差異と言いたいのであろう。ましてやそれを、しゃべり言葉でもそのまま使うのだろう。

第五講で、〈しゃべくり文〉を文章の中に意図的にまぜると、文章がくだけた調子になり、とっつきやすくなる、という指摘をしたが、世の中にはそれとはまったく逆に、書いた文章の通りにしゃべっている人がいるのだった。正直言ってわかりにくい。

そんなんでみんな、話がわかるのだろうかと思ったら、思いがけない秘密があった。聴衆には、発表要旨、というプリントが配られているのだ。そのプリントに、発表の文章がまとめてある。だからみんな、その文章を読みながら発表をきいているのである。話が次のページへ行くと、みんないっせいにページをめくるのだ。あれは聴衆ではなく、読衆だよね。

学者が、差異や異化や附与という言葉を使うことを私は非難しない。違いや、違えるや、付け加える、という言葉を使って論文を書いたのでは、利口そうに見えなくて相手にされないのだろう。だからあれは、その業界の人の、一種の訛《なま》りである。その訛りを使いこなさないと、その業界では格好がつかないというわけだ。

そういうわけで、学者はそういう文章を書いていればいいじゃないですか、と思う。おそらく、それを書いていることに学者としての誇りや喜びがあるんだろうし。

しかし、一般の大人に向けた文章教室であるここでは、はっきりと言っておこう。一般人はああいう文章に近寄ってはいけない。

だってそれは、全編にわたって、利口そうに見えるようにという意図の訛りで書かれているのだから。

「読者の自我は、独立した実体ではなく、その慣習的な概念群、観念体系によって構成され、かつ制限されている社会的構築物であり、その枠組みの中で、あるいはその枠組みによってテクストの文学性を判断するのである。」

右のお説に異を唱える気はない。よくわからないのだから反論のしようもない。ただ、文章を書こうとした時に、こういうものをお手本にしてはいけないのである。その学問の中の特殊用語をふんだんに使って書いてこそ、論文としてまともなものになったと評価されるのが学者の論文だからだ。

そんなものに一般人はまどわされてはいけない。そういう文章は、敬して遠ざけるのがいちばんである。

公用文書は読んじゃダメ

この講は、一般人が近づかないほうがいい文章についての考察である。ある分野の特殊用語を使った、なるべくわからないように書いた文章は手本にするな、ということだ。だとすれば、同じ理由で近づいてはいけないのが、政府だとかお役所の出す公用文書だというのはわかるであろう。

公用文書は、人に何かをわからせようという意図で書かれたものではない。理解しなくていいから従え、という目的のために書かれているのである。だから、読んでもさっぱり意味がわからないのだ。

おまけに、政府や役所は、反論されるのが大嫌いで、こういうことが抜けてるじゃないか、と言われるのを病的に恐れているらしい。学生時代に成績のよかった人らしいプライドがからんで、すべてを列記する文章を書くのである。次にあげる例は、文部科学省が出している新しい学習指導要領の、小学校の国語の目標だ。

「国語を適切に表現し正確に理解する能力を育成し、伝え合う力を高めるとともに、思考力や想像力及び言語感覚を養い、国語に対する関心を深め国語を尊重する態度を育てる。」

すべてを書き並べていて、そのせいでかえってわかりにくい文章である。もし私のやっている作文教室でこの文章を書く子がいたら、私は、なんでひとつの文章にするの、これは三つぐらいに切るとよくなるんだよ、と指導するだろう。

つまり公用文書は、わからせようではなく、申し伝えておくための文章なのだ。そして、反論されたくないので全部書く。ちゃんと言ったぞ、が目的の文章だ。

だから、そんなものを文章を書く時の手本にしてはいけないし、なるべくならば読むのもやめたほうがいい。もし読んでしまった時は、名古屋の老人になったつもりでこう毒づこう。

「まっと普通に言え。たーけ」

公用文書にも、その分野での特殊用語、つまり訛りがある。その言葉を使うからこそ利口に見える、と思い込んでいるらしき、わからぬ者は近づくな、という発想の用語である。その顕著なものが、片仮名言葉である。

二〇〇三年の総選挙の時に、マニフェストという言葉がものすごいパワーで日本国民を蹂躙《じゅうりん》したのだが、みんな、あの言葉の意味がわかっていたのであろうか。

政権公約という意味だそうだ。従来の公約とどこが違うのかというと、数値目標をちゃんと出して、より具体的に、我が党はこうする、を約束したものなのだとか。

そういう約束をちゃんと出すこと自体は悪いことではない。今までのような、平和と自由を尊重する、とか、子供たちに明るい未来を、というような公約よりは、党の特質がよくわかる。

しかし、そういうことがしたい時に、マニフェストなんていう言葉を持ち出すのが、あの分野の人たちの困ったところである。

私は以前、有名中学校の国語入試問題を集めて調べてみたことがあるのだが、そこに外来語の意味を問う問題がけっこうあるのに驚いた。小学生にするテストで、ジャーナリスト、オーソリティ、コミュニケーション、ターゲット、バロメーターなんていう片仮名語を問題にするのだ。そのテストに合格して有名中学校に入れる子たちが、更に選抜を受け、東大など一流大学に進み、政治家や役人になっていく。だから、利口ぶるには外来語、というのが頭に刷り込まれてしまっているのだろう。

マニフェストというのは、英語manifestでは、明白な、一目瞭然の、という意味の形容詞だが、名詞としては、船の積み荷目録をあらわす。そこから、航空機の積み荷目録(送り状)とか、乗客名簿の意味になった。そして、おそらく関係のある言葉だろうが、イタリア語のmanifestoは政党・政府などの宣言(書)を意味し、時にはマルクス・エンゲルスの「共産党宣言」を指すのだそうだ。このうちで、あの選挙の時の意味は、政党の宣言、というところだろう。

そういうマニフェストを、ふいに使われてもなあ、と私は思う。なのにそのマニフェストの中で自民党は、経済についての目標として、「二〇一〇年代初頭にはプライマリーバランスを黒字化する。」と言っている。

プライマリーバランスをそうしてくれるなら自民党に一票入れよう、と考える人はどのくらいいるであろうか。

日本人は外来語に弱い。片仮名で言われると、新しくて、いいもののような気がしてしまうのである。おそらく、島国だからであろう。

だから広告業界の人は、いい加減にしろ、と言いたくなるほど片仮名語を使うのだが、政治家や役人が広告と同じようにしゃべったり書いたりし、国民を煙に巻いてどうするのだろう。訛りがきつくて何を言ってるのかわからん、ということになるだけではないか。

新聞の文章もクセ者である

三つめの、一般人が近づいてはいけない文章は、新聞の文章である。

と言うと、意外に思う人がいるかもしれない。新聞の文章は、簡潔に事実を伝え、意味に曇りがなくちゃんと内容が伝わり、使う用語もそう特殊ではない。平明ですっきりしたいい文章のようにも思える。だからこそ、リタイアした新聞記者が、文章教室の講師をしたり、文章の書き方の本を出したりする例も多いのだ。

だが私の考えでは、新聞記事の文章は非常に特殊なものである。一般の人が、あの文章で手紙や日記や随筆を書いたらとても変なことになるのだ。

私は中学一年生の時に、ほんの一時期、新聞部に入っていた。その時の部長の三年生は、生徒総代で表彰を受ける姿を何度も見たことがあるという、優秀さで名を知られた人だった。その部長がすごく見事な新聞記事の文章を書くのだ。これは本当の新聞記事の文章と同じだ、と感嘆した。まだ中学生でよくこれが書けるものだと感心し、自分もそれに似たものを書こうとしたものだ。

その、新聞記事調の文章とは次のようなものだ。

「十一月八日、花里町の花里公園にて、二年一組対二組の、バレーボールの試合が行われた。これは両クラスの、月岡、島田両先生の結婚を祝して行われたもので、両先生の応援のもと、クラス全員が好試合に声援を送った。試合は白熱し、フルセットの末、一組がセットカウント3対2で勝利。一組の級長の三田くんは、どっちが勝っても、先生たちが幸せになればいい、と語った。」

右の例は中学生が書くレベルのもの、にしてあるのだが、大人の新聞記事も、ほぼこの調子のものである。

この文章の不思議さは、書いた人のそのことへの思いがまったくないことである。何があった、ということは報告しているが、それを見てどう思ったかは書かない、というのが新聞記事の約束なのだ。だからまるで、天から神様が見て書いたような文章になる。

「としている。」とか「などと話しているという。」、「との見方もある。」といった、自分の判断を書くのではなく、私は風評をまとめているだけ、という書き方は、普通の文章でやったらとてもおかしい。

「思いがけずきみから手紙をもらい、私が非常に感激したと見るむきもある。」

手紙にはそんな文章は書かないであろう。

というわけで、新聞記事の文章とは、特殊な職業文なのだ。あれを読まないほうがいいとは言えず、もちろん読まなきゃいけないが、文章を書く時にめざすものではない。自分の立場や見解は出さない、なんて文章を一般人が書かなきゃいけない理由はないのだ。むしろそういうことを表現したくて文章を書くのだから。

ついでに言うと、新聞の社説の文章は、記事の文章とは違って、いくらかは意見が書いてある。その新聞の見解を述べている点において、やや普通の文章である。

しかし、それを書いた記者が、我が社を背負わなきゃいけないと思っている点において、どうしてももの言いが変になる。しかも、新聞には新聞ごとに考えや、好みがあるのに、新聞はどちらかに偏らず中立で公正でなければいけない、という考え方がある。本音はそうではなくても、少なくとも中立や公正のフリをしなければならない、と新聞は考えている。だから、社説というのはなんだかもってまわったことを言い、そこから本音を感じさせようという、ややこしい文章になるのだ。

「かつて、×××だよね、と言ったのは小泉首相自身だ。」

右のように書くだけで、新聞の社説は話を変える。「とんだ嘘つきではないか。」という意見までは、中立を装うために書かないでおいて、だが読者にはそれを伝えようとしているのである。

文章はもっと自分の心に正直に書いていいのである。そのほうが、伝える力のあるいい文章になるのだ。

大人っぽく、皮肉をチラつかせるが、明言は避ける、なんて文章を書いていると嫌味な人間になってしまうのである。

大人っぽいと言えば、ほとんどの新聞の一面の下のほうにある、今日の随想、とても言うべき文章も、かなり特殊なものだ。確かにあれは、うまくいくとかなりの名文になる。あの短かさで、ひとつのテーマを簡潔に語り、知的情報も盛り込まれ、仙人の独白のようなところへたどりつくのだから、見事なものだ。日本人の好みにも合う。

しかし、あれは実はアクロバット的な文章で、へたすると爺さんの世迷言のようになる。歳時記と、偉人のエピソードと、枯淡の心境とをシャッフルして、十行ごとに話が変っていき、仙人の独白にたどりつくという文章なのだ。うまくできているのは三つにひとつというところだろう。あんな大変な技に、一般人は挑戦しないほうがいいと思う。もっと普通に、素直な文章を書くことを私はすすめる。

〈用語の訛り〉に気をつけよう

ここで少し話を変えよう。一般人が手本にしないほうがいい文章のことを取りあげてきたのだが、そのこととは別に、普通の人が文章を書く上で、注意したほうがいいことがあるのだ。

この講で私は、ある業界の中でよく使われ、そこになじんでいない人間には耳慣れない言葉のことを、その業界の訛りだと言ってみた。学者の使う学術用語や、役人の好きな片仮名言葉などである。新聞記事の「としている。」なども同様のものかもしれない。

もちろん、それを訛りと言ったのは、比喩である。仲間うちではわかるが、よその人間には意味がわからないことを、訛りにたとえたのだ。そして、その業界の人が、その中でそういう用語を使うことには、私は文句をつけない。訛りだからよくない、と言いたいのではないのだ。私は、方言をしゃべる人が訛っていることを、まったく悪いことだとは思わない。

ただ、普通の人が文章を書く時は、なるべく特殊業界の用語を使わないほうがいい、と言っているのだ。

このことをもう少し広げて言うと、文章には、なるべく現在の日本における、普通の用語を使うほうがいい、という忠告になる。

たとえば次のような文章があるとする。

「宅急便を届けてくれた青年は、ジーパンの上に薄汚れたカッターを着ていて、手に怪我をしているらしくサビオをはっていた。」

この文章を読んだだけで私は、どこか関西の老人が書いたものだな、と思う。カッターが、関西であることの証拠だ。ワイシャツのことを、カッター、もしくはカッターシャツと言うのは、東海地方より西の地方なのだ。そして、ジーパンが、老人であることの証拠だ。確かに、ジーパンという言い方もあるし、それをGパンと書いた頃もある。しかし、現在の日本語の普通の言い方では、あれはジーンズなのである（最近、若い人は同じもののことをデニムと言っているようだ。デニムは素材名であり、別のことなんだがと思うが、それが普通の言い方になりつつある）。

そういう、今とちょっと違う、もしくは、共通語ではそうは言わないんだが、という用語を私は、〈用語の訛り〉と呼んでいる。

その〈用語の訛り〉には気をつけたほうがいい、と思うのだ。なぜなら、そんな用語のせいで、ああ素人のお年寄りの文章だ、と思われてはつまらないからである。

これは決して、方言を軽んじるのではない。すべて東京で言うように書かなきゃいけないのか、東京がそうも偉いのか、とは思わないでほしい。東京が偉いのではない。方言はよくない、のでもない。

ただ、方言文学をやるのでない限り、文章はなるべく無色の、いちばん普通の用語で書いたほうがいいのだ。

二十一世紀になってもまだ、「彼女はパンタロンをはいていた。」と書いちゃって、お年寄りだなあ、と思われるのは損なのである。今はそれはパンツというのが無色の用語なのだ。パンツと書いてあるから下着のことかな、と思う人はもうそういない。

同じような理由で、ある会社の商品名を一般名称のように使うのもなるべく避けよう。NHKじゃないんだから、厳密になりすぎることはなくて、テトラポッドとか車のポルシェなどにまで神経を尖《とが》らせることはない。しかし、宅急便はヤマト運輸の商標名だから、宅配便と言っておこうとか、サビオもバンドエイドもやめて、そのことは傷テープと書いておこう、と気配りするのが、〈用語の訛り〉に気をつけるということである。

文章を書くのは、とりあえず公的な発言なのだ。だから現在の世の中で一応これが一般的とされている用語を使うほうがよい。そんな、用語のせいでこの文章はマイナーなものだ、と受けとめられるのは損なのである。

ジャックナイフというのは今使って普通の用語なのだろうか、ズックのスニーカーでいいのだろうか、なんていう注意をしましょう。よく知ってるあれのことは、今普通には何と言うのだろう、という吟味である。

同じ理由で、他業種の人への文章で、業界用語を説明なしで使うのも考えものだ。私は出版業界しか知らないのでそこの例を出せば、編集者も仕事を離れた手紙で、年末進行や校了やゲライキなんて用語を使ってはいけない、ということだ。わかってもらってこそ文章なのだから。

第八講　手紙の書き方の裏技表技

メールは現代の短歌か

若い人が中心だとは言え、多くの人が盛んに電子メールのやりとりをしている時代である。以下はメールと略すが、メールももちろん手紙である。この講では、そのメールも含めて、手紙の書き方について考えてみよう。

紙にペンで手書きしたものでなければ手紙とは認めないとか、メールなんて何の風情もないものでつまらない、という主張をする人がいる。しかし、そうやってメールを嫌っていては時代から外れてしまうばかりである。あれも今の我々の前にさし出された手紙の一種である、と認めてしまい、うまく書けるようになればいいではないか。

私は先日、『源氏物語』のある部分をパロディ風に現代小説にしてみる、ということをした。主人公は六条御息所《ろくじようのみやすどころ》である。あの人の、高貴で教養もあってプライドが高いのに、今は少し落魄《らくはく》していて、年下の光源氏への恋に溺れながらも、どことなく素直になれなくて苦しむというドラマを現代に置き換えるのだ。嫉妬のあまり物《もの》の怪《け》となって恋敵を殺してしまい、自分でそのことに気がついて恥入り、ついに身を引く、という面白い人である。

その人を四十歳のプライド高い大女優にしてみた。その恋人を、年下の新進映画監督とする。女性にまめに手を出すプレイボーイだが、それだけなら女優は嫉妬などしない。私が好きになる男だもの、もてて当然よと思っているのだ。

だが、その男が売り出し中の若い女優に夢中になっていることには耐えられない。本気になることは許せないのだ。ある映画祭の晴れの舞台で、大女優は若手女優に恥をかかされ、相手を呪う。

しかし最後には、自分の浅ましさを男に見抜かれるのに耐えられず、昔、シングル・マザーとして産んだ娘のアメリカ留学についていくことにして、日本を離れる。

実にうまく六条御息所を現代人にしていると思うのだが、自作を臆面もなくほめるのは見苦しいことなのでやめよう。

この話をここに出したのは、その小説中では携帯電話が出てきて、メールがしばしば交されるからである。いよいよアメリカへ行こうとすると、男は未練たらしく引き止めるようなメールを送ってくる。それに対してつれない返事をする。

「カリフォルニアは記録的な大雨だそうです。それでも、ぼくをふりすてて行ってしまうのですか。きみが雨に濡れやしないかとそれが心配です。」

男からこういうメールが入り、次のように返事するのだ。

「私が雨に濡れることなど、本当は気にかけていないくせに。」

これは、実は『源氏物語』の中の短歌のやりとりなのだ。六条御息所が斎宮《さいぐう》になった娘について都を出ようとした時、源氏が歌を送ってきて、それに旅先から返歌するところである。その時の歌は次の通り。

光源氏のものが、

ふりすてて今日《けふ》は行くとも鈴鹿川《すずかがは》
　八十瀬《やそせ》の波に袖はぬれじや

御息所の返歌がこう、

鈴鹿川八十瀬の波にぬれぬれず
　伊勢まで誰か思ひおこせむ

そして私はその部分を書いていて、そうか、と思いついたのだ。若者たちが夢中になって送りあっているメールというのは、平安時代の人の短歌のやりとりと似たものなのかもしれない、と。

あの時代の短歌のやりとりは、要するにラブレターである。そこまではいかない軽いくどき文句、というのも多いが。それを実にまめに、古歌にならいつつ気のきいた工夫をして送りあっていたのだ。その歌で、ついほだされてしまったりする。

そのほかには、旅先で心境を詠んだりもする。見物したものへの感想をうまくまとめたり。

そういうことを現代では、メールでしているんだと考えてみよう。メールの文章なんて知性のかけらもないがさつなものだぞ、と思う人がいるかもしれないが、そこは今日《こんにち》風の文章になっていると考えよう。

携帯電話というものはもう世界中に普及していて、大いに使われているが、メールが盛んなのは日本である。あれを文字送り機として使うのが、日本人は妙に好きなのだ。それは、要するに手紙好きなのであり、古くさかのぼれば短歌のやりとりにつながる伝統なのではないだろうか。

ちょっと好きな異性からメールが入っていると、なんでもない内容でも心が浮きたってしまう、というのは短歌が送られてくるのにそっくりなのだ。

というわけで、現代においても多くの日本人は、手紙で心を通わせあうことが好きなのである。

時候の挨拶の決まり型をやめよう

それでは、手紙の書き方について考えてみよう。

手紙の書き方を指南する本は、本屋にいっぱい並んでいる。まずそれで、日本人の常識である基本を学ぶことは無駄ではない。

頭語……「拝啓」「謹啓」「恭啓」「一筆啓上」「急啓」「急白」「前略」「冠省」など。

前文……時候の挨拶など（頭語を含めて言うことも）。

本文

末文……しめくくりの挨拶。

結語……「頓首」「敬具」「不一」「草々」など。

後付け……日付、自分の名、相手の名など。

追って書き……追伸など。

右のようなことも、一応知っているべきだろう。頭語や結語は、自分の好きなものをひとつずつ決めておけばよい。

前文のところに、時候の挨拶を書くのが日本人の文化というものだ。季節がどうなって、お天気がどうであるけれども、お変りなくおすごしですか、と声をかけるのである。

豊かな四季がある日本ならではのことで、外国にはあまりない風習だろう。

そして、時候の挨拶の決まり型がいくつもあって、手紙の指南書にはそれがまとめてある。

「新緑の候」「猛暑の候」「秋冷の候」「紅葉の候」といったものもあるし、「寒さの厳しい折ですが」「すっかり春めいてまいりました」「うっとうしい長雨が続いておりますが」などの文章型のものもある。

そういう決まり型というのは、知っていて、必要なところではぬけぬけと使うのがよい。会社などが株主に出す通知、なんて手紙ではそういうところに不備があってはいけないのだから。

型通りのことをぬけぬけとやれるようになるというのが、大人になるということである。

私は長い間、葬式に出て遺族に、「このたびはご愁傷さまでございました」と言うのがどうも苦手だった。あまりに形式的で、なんの心もこもっていない言葉のような気がしたのである。そこで、「このたびはどうも……」などと言い、語尾をモゴモゴとぼかしていた。

ところが、五十歳を過ぎた頃から、何のためらいもなく「ご愁傷さま」が言えるようになった。五十歳を過ぎたおっさんが、その言葉にとまどっていることのほうが、幼くてみっともないと感じるようになったのだ。型通りをぬけぬけと言えてこそ大人なのだ。

それと同じで、手紙における挨拶の決まり型は、必要なところではちゃんと使おう。

その上で、私はこういう提案をしたい。

友人、知人、心おきなく話せる相手に出す手紙では、時候の挨拶の決まり型を使わないでおこう。「××の候」の類を使用禁止とするのだ。

なぜなら、ああいう決まり型が書いてあっても、相手の人間像が迫ってくる感じがまるでしないのだから。友だちからの手紙に、「新春の候、いかがおすごしですか。」なんて書いてあると、我々の仲でどうして芝居めいているの、という気がしてしまう。

つまり、ああいう型通りのことは書かないことによって、かえって心を通わせあおう、という作戦である。

ただし、日本人なのだから、時候に触れないのはいけない。季節感や、お天気についてその都度、自分のオリジナルな文章をつけるのだ。これは、うまくできるようになると、かなり手紙が上等に見える技である。

暑い、寒い、長雨、雪が降った、などのことを自分の文章で書こう。季節感をあらわすには、花が咲いたとか、何がおいしい、などの話題もいい。星空や、虫の音や、物売りの声などでも、シーズンが語れるのだ。そのあたりのことを、ほんのちょっと工夫するのである。

「近所へたばこを買いに行っただけなのに、ズボンの膝から下がびしょ濡れ。いやな雨ですね。」

「突然、ペナペナのアルミのさじで、まっ赤っかの氷いちごが食べたい気分に襲われてます。暑い海水浴場なんかで。」

「今年初めての枝豆をむさぼり食って手がベタベタです。」

「今年の桜って、花の形のまま散りませんか。排気ガスのせいなのかな。」

「近くの小学校から運動会の行進曲がきこえてきます。空が高いですね。」

「年末のテレビって胃腸薬のCMを大いに流して、なんだかせかされているような気分になりますね。」

「正月は人の顔がふっくらゆるんでいます。今年は上天気でしたし。」

そんなふうに、手紙ごとに時候の文章を工夫してみよう。それだけで、ちょっと魅力的な手紙になるはずである。

何を伝えるために書くのかを知れ

では次に、本文はどう書くか。これにはあまり、裏技と呼べるものはない。

その手紙で伝えたいことを、明瞭に伝わるように気を配って書く。大切なことはそれだけである。

だから、手紙を書く時には、何を伝えるために書くのか、が頭の中ではっきりしていなければならない。とにかく書きだしてしまってから、今回はどこまで言うか決めよう、なんて書き方をすると、何が言いたいのかわからない手紙になってしまう。

たとえば、あなたのところにリンゴを一箱送ってくれた人がいるとして、そのことへの礼状を書くのだとしよう。

しかし、ただ礼状だとのみ考えて書き始めてはいけない。そういうふうに書き始めると、通り一遍のそっけない礼状になる。

「（時候の挨拶などがあって）このたびは大変見事なリンゴをお贈りいただき、ありがとうございました。平素はこちらこそお世話になっておりますのに、このようなお心づかいを賜り、恐縮しております。皆様のいっそうのご健勝をお祈りいたしますと共に、今後ともご指導ご鞭撻のほど、よろしくお願い申し上げます。まずは略儀ながら書中にてお礼申し上げます。敬具」

こういう礼状は、ちゃんと礼状は出したぞ、というためだけの礼状である。それで、この礼状でいい時と、この礼状ではいけない時があるのである。

あなたは、そのリンゴをもらって嬉しかったのかどうかだ。ああ、またくれたか、と思うだけならこの礼状でいい。

ところが、とても嬉しかったのだとする。いつもいつも気にかけてくれて、いい人だなあ、と思うのだと。

そうしたらこの礼状ではいけない。その場合に手紙で伝えたいことは、お礼だけではないはずなのだから。その時手紙で伝えたいことは、あなたにはとても感謝し、好感を持っています、ということなのだ。どう喜んで、あなたをどのくらい好きか、というのを伝える手紙にしなければならない。

「毎年、いただくリンゴで季節の流れと、人と人との温かな心の触れあいを感じ取り、生活の中の潤いを喜ばしく思います。」

たとえばそんなことを書いて、喜びを伝える手紙にしよう。

もし、リンゴはそう好きじゃないのだとする。もらってもそう嬉しくはなく、もう送ってくれなくていいのにと思っているのだと。

その場合は、ありきたりの礼状を出すしかないだろう。リンゴは好きじゃないのでもう送ってこないように、という手紙は非常にむずかしいし、人づきあいの観点から、そういう手紙は出さないほうがよかろうと思えるからである。

でも、礼状ひとつをとっても、そのようにひとつひとつ伝えたいことが違うはずなのだ。その伝えたいことを明確に持って、そのための手紙を、わかりやすく書くことである。

小細工はいらない。伝えるべきことをすっきりと不足なく書くことだけが注意点だ。

次の例は、私が最近、中学三年生の姪に出した手紙だ。私の家にあった漫画本全二十数巻を、あげるよ、と言って送ったら、どうしておじちゃんの家にこの本があったのか不思議だ、という返事だったので、その疑問に答えた手紙である。その件だけを、不明な点がないように書いている。

『天は赤い河のほとり』を持っていたわけ。

今年の夏のトルコ旅行にその秘密があります。東トルコをめぐっていくうち、トルコ人ガイドのツナさん（推定35歳、日本語上手、子ども好きの善人）が、今のトルコのあたりの歴史の話をしました。その中で、紀元前のヒッタイト王国（ＢＣ20世紀～ＢＣ12世紀頃）の話も出ました。そしてその時、「そのヒッタイト王国を舞台にした漫画が、日本で出ている『赤い河のほとり』ですよ」と言いました。旅行してはその文明のことを勉強するのが趣味のおばちゃんは、その漫画のこともメモしました。そして日本へ帰ってから、勉強のためにはその漫画も読んでおこうと考えて、インターネットの本屋さんに全巻を注文して買ったのです。（その時、ツナさんの言った題名に『天は』が抜けていることもわかりました）

そして、その頃おばちゃんは風邪をひいて寝ていたので、ベッドの中で三日で読みあげ、少しは勉強になるところもあったけれど、これは作家清水義範が読まなきゃいけないほどの本でもないな、と判定して、私にそう言いました。私は、はじめの二巻だけ読んで、これ以上読む必要はないな、と思いました。それで、あの全巻が不要になったので、読んでくれるかなあ、と思いつつ送ったというわけです。

疑問にはきっちりと答えてあげよう、が目的の手紙である。

心をこめ、礼にかなった書き方を

本当は私の書いた手紙を見本のように紹介するのは面映《おもは》ゆい。有名人には手紙の名手がいくらでもいて、そういう人の書簡はまとめて刊行されているのだから、そこから見本を持ってくるという方法もあるのに。

しかし、私はこの文章教室を、いわゆる文章読本風に、名文コレクションの本にはしない方針なので、他人の名作を並べたくはないのだ。少しずつ味わいの違ういろんな名作を並べられても、素人が書く時の参考にはあまりならないと考えているので。

だから私としては、私はこんなふうに書いている、というのを紹介するしかない。

この手紙は何のために出すのか、というのは実はなかなかわかりにくいものである。たとえばラブレターならば、私はあなたが好きだということを伝え、かつ、好感を持たれたい、という望みを持って書くものだ。そしてそれをうまく書くことはかなりむずかしい。

ラブレター以外の手紙だと、何のために書くかというのがもっとわかりにくい。事情を説明する、お詫びする、お礼を伝える、言い訳をする、お願いをする、などと目的は様々で、その上そこに伝えたい感情までからむのだ。

でも、まずはそのことを頭の中でクリアにしよう。どうも誤解されているようだからその誤解をはらし、今後も親しくつきあってくれるようにするための手紙だ、などとわかって書こうということだ。

それがクリアならば、あとは小細工なくわかりやすく書こう。皮肉や逆説には、素人はあまり近づかないほうがいい。手紙は一対一のコミュニケーションなのだから、むずかしい技に挑戦して感心させようという欲を持っても、やりがいがないのである。それでもし失敗したらひどいことになるし。

ごく普通に、心をこめ、かつ礼にかなった手紙を書けばいいのだ。

もうひとつ、私の書いた手紙を紹介しよう。これはある人から講演を依頼されて、申し訳ないができないと断っている手紙だ。

もう少し詳しく説明すると、関西地方の某市のＰＴＡの委員をしているある人が、私が刊行した『行儀よくしろ。』という本を読んで共感し、この人の話をききたいと思ったのだそうだ。そう大したお礼はできないし、小さな組織だし、とても無理なのだろうか、とむこうからの手紙には書いてあった。こんなふうに依頼すること自体が非常識なのでしょうか、とさえ書いている。

それに対して私としては、断りたいのである。だが、先方が礼をつくし、恐縮気味な依頼状を送ってきているだけに、ちゃんと心のこもった、正直な断り状を書く必要があると思った。

私が書いた返事はこういうものである。

拝復　お返事が遅くなりましたことおゆるし下さい。
拙著『行儀よくしろ。』を好意的に読んでいただけましたこと、まことにありがたく思います。私の本業は小説家です。その小説家が小説ではなく、あのような世間に物申すような本を出すのは冷や汗ものです。言いたいことがひとに伝わるだろうか、納得してもらえるだろうかと心中は不安だらけです。よくわかったとおっしゃっていただき安堵いたしました。

さて、××市PTAの講演会で講演を、というご依頼につきましてご返事いたします。

もともと私は講演が苦手で、いくつか声をかけていただいても大方はおことわりしているのです。そして、ごくまれにことわりきれずにやる場合も、本業である小説家として、文学のこと、日本語のこと、読書のことなどをやっとのことで、もぞもぞと話すばかりです。あの本になんとか書いたような、社会批評的なことは私ごときが人前でわかったように語ることではないと考えています。言いかえれば、私は自分が評論家になってしまうことを恐れ、生涯小説家でありたいと思っているのです。

また、物理的にも都合がつきません。今年の十一月頃は、『行儀よくしろ。』を刊行したちくま新書に、二冊目となる『大人のいない国』(仮題)というものを書き下ろししている真最中なのです。なんとか年内に書きあげたいのだが大丈夫だろうかと不安もあるという状態です。いわゆるカンヅメ状態(ホテルにではなく自宅にですが)になって、ひたすら書くしかあるまいと覚悟している次第です。

そういう事情のため、せっかくお声をかけていただきながらまことに心苦しいのですが、講演のお役には立てないこと、どうかご諒承下さい。

内情を申しあげれば、年におよそ十度ほど講演を依頼され、そのうちの九度はお詫びしておことわりしているのです。関西だからとか、私的な会だからという理由でお受けしないのでは決してありません。小説のほうで忙しくてその余裕がないというのがいちばんの理由です。どうかご理解下さい。

末尾になりましたが、××市PTAのご発展を心よりお祈り申しあげます。

○○様の、『行儀よくしろ。』が面白かったというお手紙に大変力づけられたことを申し添えます。ごめん下さいませ。

敬具

これは依頼を断る手紙だから、ここまで丁寧に正直に書くのである。なるべく相手の心に届くように、ということだけが、私が手紙を書く時に心がけていることだ。

第九講　実用文の書き方の裏技表技

企画書は企画のよさを知って書け

業種にもよるが、サラリーマンをしていると、時として仕事で文章を書かなければならないことがある。いわゆる仕事上の実用文書だ。企画書、報告書、依頼書、謝罪文（おわびの書）、始末書など、いろいろある。

それらをうまく書くにはどうすればいいのかを、考えてみよう。

そこで、まず最初に言いたいのは、その種の実用文には定型があるということだ。こう書くのが普通という、決まり型があるのだから、それは勉強しなければならない。

私も学校を出てから十年間サラリーマンをした時には、そういう型にのっとって実用文書を書いていた。そこから足を洗ってからかなりたつのでもう忘れてしまったが、企画主旨、とか、この企画の波及効果、とか、項目を立てて書いていたような記憶がある。自分の会社のことを弊社、と書くのだった。

そういう定型は、とりあえず勉強しよう。多分、それを指南する本があるはずだから、買って読むのだ。そして、もっといい勉強法は、先輩社員の書いた過去の文書を読ませてもらうことだ。たとえば企画書なら、その企画は通った、というものを学ぶのがよい。依頼書ならば、その依頼は受けてもらえた、というのを手本にするのだ。

そこまでは、やって当然の努力だ。かつて例を見ない企画書のヌーベルバーグを創出しよう、ともくろむ必要はない。まずは、型通りにきっちりと書けることが、実用文書では重要なことなのだ。

そこまではできるとして、その上にどんな裏技があるかを考えていこう。

まずは、企画書から。

企画書が通るか通らないかを、いちばん大きく左右するのは、企画書の書き方ではない。その書き方がうまいから企画が通り、それがヘタだからダメだった、ということは、実はあまりないと思う。

企画書が通るのは、そこに書かれている企画がいいからである。企画そのものが優れていて、魅力があるならば、企画書の書き方が少々ヘタだったり、我流だったりしても、うまくいく率は高いはずだ。だからまず、いい企画を立てなきゃ話にならない。

私はサラリーマン時代に、魅力のない企画書だなあ、というのを読んだこともあるが、それは書き方がヘタなせいで魅力がないのではなく、その企画がつまらないのだった。

同じことを書く身になって言えば、その企画に絶対の自信があるわけでもないのに、まあこんなものか、ぐらいの気持で、ここをアピールしようという計算もなく書いた企画書はつまらない。会社の仕事として書く企画書だって、要は文章によって人を動かすのである。そのためには、伝わるように魅力を訴えなければならない。

というわけで、まずはいい企画を立てろ、というのは文章の書き方とは別のことだけれども、書く上では、その企画のよさをちゃんとわかっていることが重要になる。機械的に書き出してしまう前に、まず、この企画の優れている点はここだ、というのを頭の中にクリアに持とう。

この企画のいいところは、かかる予算は少ないのにかなりの宣伝効果が得られるところだ、とか。

この企画のいいところは、短期間のうちに商品名を多くの人に印象強く訴求できるところだ、とか。

この企画のいいところは、今日の消費者が潜在的に持っている飢餓感にジャスト・フィットしていて、購買欲を引き出せるところだ、とか。

そういう、ここがいい、というところのない企画ならば、企画書を書かないほうがいい。だからまず、その企画のよさを見つけよう。

そして、それがわかっていれば、そこを相手によく伝わるように書くのだ。

背景、なんていう項目を立てて、今、なぜこれなのか、の分析を書く。

効果、という項目で、これをやればどううまくころがるかを、明瞭に書く。

影響、なんていう項目を立て、この企画であなたの会社にどんないいことがあるか、まで書いてしまう。

つまりは、企画書とはプロポーズなのである。こちらのよさを正しく訴えて、相手の心を動かすために書くのだ。

あまりにも自画自賛の調子になってしまっては、読み手がしらけるおそれがあるが、少しは浮かれ気味に書くのがよい。この企画に自信を持っており、熱っぽく一気に書けてしまった、という調子の企画書は力を持っているのである。

むこうには予算もあんまりないだろうから例のBコースをいつもの形式で書いた、というような企画書では、人は動かされないのだ。

報告書は端的に明瞭に

次は報告書について考えてみよう。

出張報告書とか、調査報告書とか、いろんな報告書がある。我社の製品がもとでトラブルが生じたと言ってきたところがあって、行ってその原因を突き止め、対応策をこうじてきた、なんて時も報告書を書く必要があるだろう。

報告書は明瞭にわかるように端的に書け、がまず基本の心得である。報告書は文学的であってはいけない。トラブルの処理に行ってきた報告書でこんなふうに書くとか。

「しばらくして出てきたそこの社長は、個人企業でなければとっくに定年を迎えているだろうという、白髪頭の小柄な老人だった。初めのうちは、いぶかるような顔で私を見るばかりで、名刺を出す気配もない。いかにも地方都市だった。」

そんな報告書はいらんのである。何月何日何時、現地訪問。問題箇所を調べたところ、次のような異常を発見。原因としては、次の三つが考えられる。そこで、このように対応してみたところ、改善された。

なんてふうに、事実を端的に書こう。報告書をもたもたと、たとえばテレビドラマ「北の国から」の純くんのナレーションのように書くと、無能な社員に見えるのだ。

「すごく、ひどかった。せっかく買ってもらったうちの会社の機械が、こんなふうに動かなくなっているのを見て、どう言うのか、胸がつまった……。これを売ってよかったんだろうかと思ってしまい……、答が……、出なかった。父さん……。こっちは今日も雪です。」

そうかと言って、「プロジェクトX」のナレーション風もよくない。

「高橋は走った。故障箇所を一刻も早く見つけなければならなかった。それが見つかった。修理した。だがオート・ミクロクレーンは動かなかった。そこからが戦いだった。」

思わず「地上の星」のメロディーを頭の中に浮かべて、こういう報告書を書いてしまうと、出世コースから外される。

と、ちょっとふざけて遊んでしまった。それというのも、報告書は端的にわかりやすく事実のみを書け、というのが最大の注意点であり、あまりむずかしくないからだ。

ただし、高度な裏技がないことはない。世の中には、ただ単に事実を報告するだけではない、狙いを持った報告書もあるのだ。それを書くとなると技がいる。

たとえばこういうことである。近く日本の自衛隊が派遣される某国の派遣地域へ行き、情勢を調査して報告書を提出するのだとしよう。その時に、調べた事実だけをわかりやすく報告すればそれでいいのだろうか。

それでいい場合もある。

しかし、それではいけない場合もある。

そのことを命じた首相が、妙な目くばせをするのだとしよう。きみ、わかっとるね、というような顔で小さくうなずいたりしているのだと。

その時は、ただ治安や、水道・電気の復旧状況や、トラブルやアクシデントの事例を報告するだけの報告書ではいけない。首相の期待している、行ってよいようです、というニュアンスを含んだ報告書を書いてこそ、できる人間なのだ。首相の期待がその逆なら、どうも危険すぎて行かないほうがよいようです、が伝わってくる報告書を書くのだ。

政治がらみの事例を出したので、そんなのけしからんではないか、という印象を持つかもしれないが、政治がらみじゃなくたって、そういう狙いを持った、バイアスのかかった報告書は書けるし、それを書くほうが面白いのである。

文章はそういう力を持ったものだ、ということだ。報告書を書いているようでありながら、実は提案を書いてしまうことができるのだ。

トラブルの原因を調べに行き、どういう対応をしてきたかの報告書を書く。そしてそこに、どうもあの下請は切ったほうがよいようですね、の気分を匂わせるのだ。もしくは、あっちの責任じゃなかったですから、ここは見逃してやるべきでは、というのを伝える。

報告書でそういう、今後の方針への口出しをしてしまうのが、サラリーマン生活の醍醐味ではないか。下請会社でお茶を出してくれた社長の娘が可愛かったなら、あそことは今後もビジネスをすべきでは、という思いのこもった報告書を書くのだ。

文章にはそれができる。そういう狙いを持って文章を書くのは、ただ報告だけを書き並べているよりも楽しい。

そしておそらく、そういう狙いを持った報告書のほうが、高く評価され、あいつはできる、という印象を与えるのである。

「今後の改善は望み薄、との印象を受けた。」

そこまでを書いたほうが報告書として上できなのだ。

依頼書はなぜあなたに依頼するかを書け

次は依頼書の書き方。

たとえば私がしばしば受け取るのが、原稿執筆の依頼書だ。もう長いつきあいの雑誌だったりすれば、編集長が打ち合わせに来て、こんなシリーズはどうですかね、などと話しあいで事が進むのだが、初めてつきあう雑誌ならば、まず手紙なり、ファクスなりで、依頼書がくる。

講演の依頼や、テレビ出演の依頼や、インタビューの依頼などもある。

依頼書の目的とは何か。それは、どういう依頼をしたいのかを伝えることである。まずそこまでは、ちゃんとできてほしい。

最初に、自分たちは何者であるかを説明する。原稿依頼の場合ならば、私どもの雑誌は「×××」といい、主な読者対象はどの世代、こういう趣向のものであり、発行部数はこれだけ、というのを自己紹介する。

次に、本誌では、次のような狙いを持った特集（新シリーズ、新企画など）を組むので、あなたにこのような原稿を書いてもらいたい、という説明。

次に、それは原稿用紙で何枚ぐらいの、どんなタイプの小説（エッセイ、論文など）で、締切りは何月何日だ、ということ。

そして最後に、どうかお引き受け下さいませ、というお願い。

それだけのことは、最低でもすっきりとわかるように書かなければならない。日本の出版界では、この段階では原稿料の話はしないというのが悪しき慣例なので、ここで稿料には触れなくていい（それどころか、銀行に振り込みされるまで稿料がいくらなのかわからないまま仕事をしているケースが多い）。しかし、出版ではない他の業種では、予算もちゃんと書いておくべきだろう。

で、そこまでをちゃんと書けば一応依頼書にはなる。

だが、それで合格だというのは、新入社員が初めて書いた依頼書に対して言うことだ。依頼書の本当の目的は、依頼内容を伝えるだけではないのだから。依頼書の真の目的は、その依頼を受けてもらうことである。

それなら、受けてもらえるように書かなければならない。

たとえば、どうかお引き受け下さい、という願いの文を、型通りに書くだけでいいのだろうか。

「お忙しいとは存じますが、ぜひとも先生のお力添えをいただきたく、どうかよろしくご検討下さい。」

という頼み方で十分だろうか、だ。相手が忙しいということを、本当に知っていてこう書いたのかどうか。たとえば、ここに次のようなことを書く人は、ちょっと優れものである。

「数えてみましたら、今現在先生は七誌に連載をなさっていました。驚くべき忙しさでいらっしゃるのがわかります。それがわかっていながらこのお願いをするのは大いに心苦しいのですが、先生のお力添えなしではこの企画が成立せず、無理を承知の上で申しあげています。お考えいただけないでしょうか。」

先生が去年一年間で上梓された本は八冊でした、というのもいい。ただ、お忙しいとは存じますが、ではなく、それぐらいは調べて相手の心の近くににじり寄らなくちゃ、である。

その意味で、いい依頼書を書くいちばんのコツは、なぜあなたに依頼するのかを、丁寧に伝えることである。人は、なぜ私に頼むんだ、というのがわからない依頼には魅力を感じない。これこれの理由であなたなんです、と言われれば心が動くのだ。

「先生は最近、これこれのお仕事をなさっています。それを拝見し、これまでの業績が集大成されている、との感想を持ちました。そして、私どもの今回の企画に必要なのはそういう総合力だと確信いたしました。先生にぜひともお力添えをいただきたいのはその思いからです。」

「私事になりますが、初めて先生のご著書『×××』を拝読したのは高校生の時でした。そこで、冷静な判断力とはこういうものかと感銘を受けたものです。それ以来、いつか先生のお力を借りて有意義な仕事ができればと夢見ていましたが、今回その機会がめぐってきたような気がするのです。」

そんなふうに、なぜあなたに依頼するのかを説明するのだ。それが人を動かすコツである。

そういうことを書けば、どうしても相手をほめたたえるお世辞っぽい言葉が並んでしまう。こんなにあからさまにお世辞を使って、かえって相手は気を悪くするんじゃないかと心配になるかもしれない。

だが、その心配は無用である。お世辞を言われて気を悪くするのは十人に一人というところで、大概の人はやっぱりいい気分になるのだから。人にものを頼むんだもの、お世辞のひとつも言うのがあたり前なのである。

謝罪文は誠実に長く書く

おわびの文章を書くのは気が重いものである。謝罪文だとか、始末書だとか、申し開きの書などを書く役がまわってくるのは、サラリーマンにとってちょっとした災難だと言っていいぐらいのものだ。

その上、謝罪文というのはなかなか難物なのだ。定型通りのそつのない謝罪文でいいかというと、それではどうもまずいのだ。

「今回、結果的に××様には多大なご迷惑をおかけすることになってしまいましたことを、心よりお詫び申し上げます。今後このようなことの二度とないように心がけてまいりますので、何卒お許し下さい。」

というような型通りの謝罪文なら、出さないほうがいいくらいである。かえってそれを読んでいると、怒りがぶり返してくるってことになりかねない。あやまらなければならないほどの非常事態に対して、型通りの儀礼ですまそうというのか、という不釣りあいが感じられるのだ。

これは私の個人的な意見だが、本当は謝罪文など書かないで、あやまりに行くべきだと思う。直接会って、事情を説明し、頭を下げてあやまるのだ。おわびの文章ですまそうというのが、そもそも心からあやまっているのではない証拠である。

しかしまあ、直接会いに行くことは不可能で、不十分ではあるが謝罪文を出すしかない場合もあるだろう。相手が多数であるとか、遠くに住んでいる、というような場合だ。謝罪文を出すしかないので、それを書く。

そのように、謝罪文とはそもそもむずかしい事情含みなのである。だからそう簡単なものではない。

そこで、謝罪文を書くコツだが、それは、すべての事情を長々と書く、である。文書の長さで、深くおわびしたい気持である、ということを伝えるのだ。Ａ４判の紙一枚の謝罪文なんてとんでもない。少なくとも三枚にはならなきゃいけない。

・この度、このような事態となってしまい、大変ご迷惑をおかけしました。
・このようなことになってしまったのは、当方のこういうミスによるものです。
・なぜそれが防げなかったかというと、たまたまこういう事情があったからです。
・また、気のゆるみから、社内にこのような気運があったことも原因でした。
・その結果、あのようなご迷惑をおかけしたことを心より反省しております。
・以後、二度とこのようなことがないように、体制も整え、心構えしていく所存です。
・何卒ご寛容の心をもって、今後ともよろしくおつきあい下さいますよう、衷心よりお願い申しあげます。

・まことに申し訳ありませんでした。

というようなことを、全部さらけ出して長く書くのである。用語にはあまりこだわらなくていい。衷心より、がいいのか、なんて思うことはなくて、心から、とか、ひらに、などでもいいから、とにかく誠実に書くのだ。

事情を詳しく書くというのは、くどくどと言い訳を並べることになるのでは、と思う人がいるかもしれない。謝罪のはずなのに、弁明ばかり並べるのは失礼ではないかと。

確かに、言い訳を並べるのである。しかしその上で重要なのは、言い訳で押し切ろうとはしないことである。

つまり、次のような構造になっていなければならない。

①このような事情により、あんなことになってしまったのです。

②しかし、おこってしまった事態については全面的におわびをするばかりです。どうかお許し下さい。

①を長々と書くのだけれど、②が主眼の文章だというのを外してはいけない。

要するに、謝罪文の目的は、相手に許してもらうことなのだ。一応あやまっといたぞ、が目的ではない。

許してもらうために、①の弁明を誠実に長々と書くのであり、しかしあくまで心をこめて②の謝罪をしなければいけない。

会社のためにおわびの文章を書かなきゃいけないなんて、サラリーマンも因果な稼業だなあ、と思うかもしれない。だが、これはあやまるしかない、という事態はサラリーマンじゃなくたってあるのだ。私だって、これは詫び状を出すしかないな、と思う時がある。

そうなると、長い長い手紙を書く覚悟をして、じっくりと構成を考えるのである。

第十講　紀行文の書き方の裏技表技

誰もが情報の発信者

パッケージ・ツアーでイランをまわった時のことだが、同行メンバーの中に、インターネットのホームページに旅行記を発表するんだ、と言っていた人がいた。ああ、今はそういうことをする人がいるのか、と思った。

それはなかなか楽しい趣味だろうと思う。海外旅行というのは刺激に満ちた体験で、見るもの聞くもの珍しくて面白い。いやあいいところだったよと、人に話したくもなるものだ。

ところが、普通の旅行者が旅行記とか、紀行文を書いても、以前は発表のチャンスがなかった。そんなところへ行っている日本人は三人ぐらいしかいないぞ、という珍しい旅行記ならひょっとして出版されることがあるかもしれないが、パリとローマの旅、なんてのでは素人に発表の機会がないのだ。たくさん写真を撮ってきても、見せる相手もいなかったりする。

そういうことに、大きな変化をもたらしたのが、インターネットだ。そこに自分のホームページを作って、紀行文を発表すればいい。写真も公表できる。ネット・サーフィンの時代だから、日に日に見てくれた人のカウント数が増えていく。

要するに、誰もが自由に発言し、情報を発信できる時代になったのだ。結構なことである。

イラン旅行で知った三十代の彼は、今年中になんとか旅行記をまとめ終えたいな、と言っていた。その年の五月に旅行をしていてである。そんなに長く楽しめちゃうのだ。

というわけで、インターネットで素人の紀行文を読むことが多くなった。自分が次に行こうとしている国の旅行記があるなら、ちょっと目を通しておこう、などと思うのだ。憧れの国についての、写真の多いホームページは見て楽しい、とか。

それから、調べもののために、素人旅行記を読むこともある。

私の最近の例では、ニューヨークのワールド・トレード・センターのツインタワー（二〇〇一年九月十一日の同時多発テロで、飛行機に激突されて崩壊したあのビル）へ、事件より前に行った人の話がききたいなと思い、捜してみたらそういうホームページがちゃんとあった。それを読んで私は、南棟の百七階に展望台があったという、小説に必要なデータを得ることができた。

誰でもが情報を発信できるというのは、そういう便利な時代になったということである。

そういうわけで、ここから文章教室の本題に入ろう。ホームページの紀行文をちょいちよい読むようになって、文章にもうひと工夫ほしいな、と思うことが多いのである。

こんなに誰もが紀行文を書く時代になったのだから、それのうまい書き方を考えてみることにしよう。

いやもちろん、多くの人の紀行文がヘタでいけない、なんていう失礼なことは言いたくない。誰が書いてもいい、というところに利点のある新しいコミュニケーション・ツールなんだから、文章に自信がない、なんておじけずに、まずはどんどん書いてみればいいのである。

原則はそうであるとして、でも誰だってどうせ書くならうまく書きたいと思うものだろうから、そのための技を考えてみるのだ。

そこでまずひとつ思うことは、みんなちゃんと紀行文を書こうとしてますか、ということだ。私がいくつかをのぞいてみたところ、非常に多くの人が、紀行文というより、それを書くための資料のような、旅行メモ、旅日記のようなものを書いているのだ。

だからしばしば、日本の空港へ行くところから書いてある。成田空港へ何時に着く。搭乗手続きまでに時間があったから、何をした。荷物が多いからカートが便利だ。

そういうことは省略してもいいんじゃないだろうか。『モロッコの旅』なんていうタイトルで、面白そうだな、と思った人がのぞいてみたとして、空港のざるそばはうまくなかった、というようなことを読まなきゃいけないのである。

紀行文は、その国に着いたところから始まればいいと思う。

つまり、旅日記を別に作るのはいいが、発表する紀行文と、旅日記とは違うということだ。

その区別がついていなくて、ひたすら旅のメモがつづられている、という例がある。何日め。朝食は何を食べた。何ドルだった。そううまくなかった。飛行機で移動。機内食の小豆のムースがうまかった。夜はレストランで食べた。うまかった。

そんなふうにひたすら食べたもののことを書く人がいる。旅行食日記である。

それもある意味面白い資料ではあるが、せっかくだから、もうちょっとその国がどうだったのか教えてよ、という気がする。

見たもの＋調べたデータ

そこで、紀行文を書く時のポイントを順に見ていこう。まずは、これである。

①見たものを説明しよう

自分がした旅行の記録なのだから、見たもののことは書いてあるだろうと思うところだが、案外それがおろそかな人が多いのである。何を見たらどうだった、というのは自分の頭の中に記憶されているから、それは書かなくていい、と思っているのだろうか。

でも、ホームページであるとはいえ、それは一応万人に向けて、読んでいいですよ、と公開されているのだ。だから、読む人に伝えるという意識がゼロではおかしい。

「××公園へ行ってみると、どこが入口なのかがわかりにくくて、さんざん歩きまわってしまった。怪しげな人が話しかけてきてアセるし、疲れるし大変だった。三十分もうろついて、やっと入口を見つけて中に入る。いかにも中国風の庭園で、中はすいていて静かだった。見物して外に出ると一時だ。」

このぐらいの描写で話が次へ行っちゃう人が多い。いかにも中国風の庭園、というのはないだろう。

「モスクを見物。いかにもイスラム風のモスクだった。」

「大峡谷を見物する。圧倒されるような奇怪な景色で、アメリカの大きさを実感。」

その景色を、友人に説明するんだと考えてみよう。とにかくすごいんだよ、では何もわかってもらえないのだ。

外国の珍しい景色や建物や遺跡をわかるように説明するのは易しいことではない。文章のいたらなさ、もどかしさを感じることではある。しかし、紀行文を書くというのは、それにトライしてみるってことだ。

「公園はかなり広いのだが、木々で視野をさえぎっているので、どこにいても小さくまとまっている感じがする。中国風な赤い橋や、半円形の天井の門など、エキゾチックだ。もちろん西洋風の幾何学的な区割りの庭園ではなく、くねった径《みち》や、水草がすけて見える小川などがあって、自然を切り取った印象なのだが、日本の庭園とは微妙に違う。日本の庭園が小景の再現なら、こっちは自然の総体の再現という感じで、スケールが大きいのだ。」

なーんて、私は中国へ行ったことがないので右の文章はでたらめだが、このぐらいの分量は描写してほしいのである。見てない人に教えなきゃいけない、ということを意識すれば、書けるようになります。

では次のポイント。

②調べたことをプラスして書こう

紀行文は、必ずしもガイドブックになっていなくてもいい。一旅行者として、見物してまわっただけなのだから、見たものについて正しく解説する義務はない。古城を見物したとして、その城が建てられたのはいつのことで、建てたのはどんな王様、というのを必ず書かなきゃいけないわけではない。ところどころ崩れかけていて、砂漠の中の歳月というものにふと詩心を刺激されるような城だった、というあなたの印象のほうが、大切な情報かもしれない。

しかし、最低限のことは調べて、ところどころにデータが補足されていると、その紀行文が一個人のものから、パブリックなものに立ちあがってくる、というのも事実である。

そこへ行ってない人にも、想像の手がかりが与えられる、という一面もある。

「はじめに、この国のことをざっとまとめておこう。」

とあって、面積、人口、宗教、政治体制、首都、通貨などが箇条書きにしてあれば、少しわかってくるではないか。

「この×××という街は近代的な大都市だが、この国の首都ではない。首都は〇〇〇。しかし×××は、中世から商業港として栄えたところで、今もこの国の玄関のような役をはたしている。」

という説明が、×××市観光のはじめに書いてあれば、非常に読み進みやすいのだ。

「今日見た遺跡は、きのう見た遺跡とはまるで違ってあれより千年以上前のものだから、もっとずっと荒れている。でもそこに味わいがあると思った。」

というぐらいの説明が、あるのとないのとでは伝わってくることの量が違うのだ。

そして、遊びで行った旅行について、勉強して調べるなんて面倒だよ、と思う人にはこう言おう。

そのぐらいの情報は、どんな旅行ガイドブックにも書いてあります。それ以上に資料を集めて勉強しろと言っているのではない。

要するに、紀行文とは行ってない人をその地に案内するというものなのだから、少しはそこが見えてくるように、最低限のデータを補ってやりましょう、ということだ。

心ゆれるエピソードを書く

ここまでは基本的なことだが、ここからもう少し高度な技を考えていこう。たとえばこういうポイントがある。

③旅のエピソードこそ書くべきである

どこへ行って何を見た。どんなホテルに泊った。どこで何を食べた。

そういうことは、紀行文なのだから当然書くわけだが、それにプラスして、旅先での人との出会いや、ちょっとしたトラブルや、ふと土地の人と心が触れあったような体験こそ書くべきである。それを読むのが紀行文の楽しみだと言っていいほどなんだから。

バス・ターミナルで、どのバスに乗ればいいのかわからなくてまごついていたら、親切なおじさんが荷物をそのバスに乗せてくれた。ところがこちらは荷物を盗られちゃうのかと思ってパニックになってしまった。

というようなことがあったら、バス代はいくらで何時間乗ったなんてことより、そっちを丁寧に書こう。そういうエピソードは、何よりその国の感じを伝えてくれるのだから。

「この国で物乞いの人の数が多いことと、しつこいことにはもう慣れていたのだが、その日は面くらった。その公園でお金をくれと手を出す子が、どう見てもまだ二歳ぐらいの女の子なのだ。やっとおむつが取れ、歩けるようになったところという感じである。そして、その子を無視してどんどん歩くと、その子はどこどこまでも手を出してついてくる。広い道を渡って次のブロックまで進んでもまだついてくる。三百メートルは歩いた。この子はちゃんと帰れるのか、ということが心配になってきて、ついにお金をあげた。完全に気合い負けである。」

「その広場には、その国の高校生などもたむろしている。そして、私がその前を通ると、『ヤパン?』なんて声をかける。日本人か、ときいているのだ。しかし、どこへ行ってもそういうふうだし、私もその日は少し疲れていたので、相手になる気がせず、無視して通り過ぎようとした。そうしたら、通り過ぎた私の背中に、その高校生は言葉を投げかけたのである。大声で、『ヒロシマ、ナガサキ?』と。これには私も思わず足を止め、振り返って答えた。『イエス』と。」

そういうエピソードは旅行のガイドブックには載ってなくて、その旅行者だけの財産なのである。公園が開くのは九時からだったとか、博物館の入館料がいくらだった、なんてことだけを記録するのではなく、エピソードをいっぱい教えてほしいと思う。

では次のポイントに行こう。

④心のふわふわを書こう

旅行をしているあなたの心模様を書きましょう、ということだ。事実の記録もいいが、心の動きを記録してこそ紀行文、とも言えるのである。

ただし、このポイントについては、ちょっと説明が必要だ。心の動きについては、ちゃんと書いている、と言う人が多そうなのだ。

むしろ、どこへ行って何を見ても、自分の感想だけを書いている人がいる。その感想とは、気に入ったか、気に入らなかったかである。

たとえばグランド・キャニオンを見たとして、どんな景色だったとか、ビュー・ポイントへ行くのに苦労したとか、ほかの観光客がキャーキャー言ってる、なんてことは何も書かないで、「あきれかえるような景観である。感動した。」と書くのだ。

グレート・バリア・リーフを見て、「信じられないくらいきれいで、すごく気に入った。」と書く。

「大したことなかった。」「見事だった。」「驚いた。」「こわかった。」などなど、ちゃんと感想を書いたのだから、心の動きは伝わるではないかというわけだ。

しかしそういう感想は、感想のための感想になりがちなのだ。通り一遍の言葉に感想をまとめて、私はそれを見たのだからよし、と言って次へ行っちゃうみたいだ。

旅行中というのは、実は心がふわふわしているものではないだろうか。旅の初めの頃は、まだその国のことがよくわからなくて不安だったりするのでは。三日めぐらいで慣れてきてリラックスできるようになるが、五日めぐらいには、その国の風習にムカムカしだしたり。十日めには、もう帰りたいような気がしてきたり。

そういう不安や、イライラや、喜びや失望を抱いて、旅は進んでいくのである。その心のふわふわを、正直に、伝わるように書くと旅のリアリティが伝わってくる。旅をしている人の人間性まで見えてきて、読みでがある。

日本人はどうも海外旅行をすると、旅慣れてなくてオドオドしてはみっともない、というふうに考えすぎて、場慣れた態度を心がけ、何を見ても圧倒なんかされないぞ、と気を張っている。そこでついつい感想も、よし合格、というようなアドベンチャー野郎のものになってしまうのではないだろうか。

自分の心のふわふわを正直に書けるというのは、実はとても度量の大きいことなのだが。

あなたのその国への理解を書く

最後に、ちょっとむずかしすぎるポイントについて考えてみよう。あなたの紀行文にこれがあれば素晴しいのだが、というポイントである。

⑤その国がわかるように書こう

無理なことを言うと思うだろうか。確かに、これはかなり高度なことである。ある紀行文を読んでその国のことがわかってくるのだとしたら、それは相当の名著である。出版されていて、本屋で買える旅行記でも、このことで合格だな、と思える本は三冊に一冊ぐらいという感じである。

素人の紀行文にそこまで求めるのは無茶、って気もする。だって、たかが観光で数日間行って、名所を見てきただけなのである。パッケージ・ツアーで行ったのであり、移動はすべてバスだったりする。現地の人で会話を交したのは、現地ガイドだけだったりだ。それでどうしてその国が見えるだろう。その国の人の人間性や、その国の文化までわかるなんて不可能だ。

確かにそうではある。わからないことをわかったように書くことはできない。

しかし、その紀行文を書いているあなたの頭の中には、究極の目標として、その国のことを伝えたい、という思いがありはしないだろうか。

あるはずだ、と思う。それがあって書きだしているのが普通のことなんだから。あなたはその国へ行ったのである。その目で見て、直に感じてきたのだ。だから、行かないのとは比較にならないほど、何かを感じている。その感じた何かをまとめておきたくて、紀行文を書くのだ。

だから紀行文には、あなたの感じたその国を書こう。この国はどうなっているんだ、この国の人は何を考えているんだ、というのが少しでもわかるのは、紀行文の価値なのである。

それがなるべくうまく書けるための裏技を伝授しよう。あなたの紀行文に、ある言葉を使うのだ。その言葉を使うだけで、自然にその国への理解が深まるという、魔法のような言葉だ。

その言葉とは、「まだわからない」である。次のように使う。

「結局十五ドルで買ったのだが、安い買い物だったのか、ボラれたのかは、この国に来て日が浅いのでまだわからない。」

「そのおじさんが特別に親切な珍しい人だったのか、それともこの国の人はみんなそんなふうなのか、私にはまだわからなかった。」

「どうしてその女性がいきなりすごい見幕で怒りだしたのか、その時はまったくわからなかった。」

そんなふうに、紀行文の初めのほうに、「まだわからない」を書くのだ。「まだわからない」は、ここに謎がある、ということを示す暗号でもあって、興味深く読める。

そして、「まだわからない」を書く人とは、そこに謎があると意識していて、そのことの答を捜している人なのである。その辺のことについて、あれこれ考えてしまうのだ。

すると、自分の書いた「まだわからない」に導かれて、紀行文の終りがけには自然にこういう文章が出てくる。

「少しだけわかったのは、この国の人は自分たちの文化に誇りを持って生きているんだ、ということだ。」

「私がこの国に対して感じた物足りなさの正体は、国の経済があまりにも観光のみに頼っているせいで、国中がテーマパークのようであり、すべての人がその従業員みたいだということだった。」

「私にはひとつだけわかった。百年たってもこの国はこのままだろう、ということが。」

謎がまずあって、その謎が旅をしているうちに少しは解ける（その解答はあなたの考えであればよくて、絶対に正しいという必要はない）という構造を持つ紀行文は、とてもエキサイティングで面白いのである。

文章を書いていくというのは、実は書くべき内容について、大いに思考するということなのだ。だから他人の紀行文でも、よくできたものは読んで楽しめる。

あなたが旅行をして、紀行文を書く気になったのは、感想や考えをまとめておきたくなったからなのだ。大いに考えて書こう。

第十一講　随筆の書き方の裏技表技

随筆は書いてみたいものである

随筆という文学形式に、日本人は比較的なじみが深いのではないだろうか。

そう言うと、イギリスにはエッセイがあり、価値ある作品を数多く生んでいるぞ、と指摘されそうだ。それは確かにその通りである。エッセイと随筆は、厳密に言うと少し違うところもあるのだが、近頃はほぼ同じ意味合いで使われている。もともとはエッセイのほうがやや思索性が強いのだが。

この頃では、随筆よりもエッセイという言葉のほうをよく耳にし、私のところへ来る原稿依頼でも、ほとんどが、エッセイをお願いします、となっている。

ここでは、随筆とエッセイを区別せず、ほぼ同じものをさす、として話を進めよう。

それで、確かにイギリスのエッセイ文学は豊饒《ほうじょう》なのだが、日本の随筆文学もなかなかに盛んである。学校教育で、ほとんどの国民が『枕草子』と『徒然草』を、ごく一端だけとは言え読まされるのだ。習ったけど何も覚えてないなあ、という人だって、「春はあけぼの」という言いまわしだけは、ことわざのように記憶していたりする。

そして、雑誌を開けば、巻頭随筆に出会うことが多い。巻頭どころか、ページのところどころに見開き随筆があったりだ。週刊誌には、作家やエッセイストや著名人の随筆が何本も載っている。何かの会の会報のようなものにも、会員が自分の近況を伝えるような随筆を書いている。

はたまた、新聞にも随筆が載っている。読者の投書欄の、意見投書は随筆とは別のものだが、ミニコラムのような欄があって、子の成長を見て思うこと、や、夫を亡くして私はどう生きていく、のような生活作文が載っているではないか。小なりといえども、あれも一種の随筆である。

そこまで広げて考えると、日本人は随筆に親しんでいるし、案外書く機会も多いような気がする。冊子を出そう、となればあなたに、何か書いて下さいという声がかかるかもしれないのだ。

さてそこで、多少なりとも文章を書くことに興味のある人にとって、随筆は書いてみたいものではないだろうか。小説はストーリーを思いつかなきゃいけないので書けないが、随筆なら書けそうな気がするのでは。そして、随筆を書くってのはちょっと知的でいいよな、なんて思うのでは。

知的なだけではない。随筆を書くことには、自分の体験を書き、人に知らしめるという満足感がある。その体験をして自分がどう思ったかという、考えを伝える喜びも。そしてそういう考えを持つ私とは、そういう感性の人間なのだ、ということを伝える充実感がある。

文章を書きたいというのは、多くの場合、自分を伝達したい、という欲望から生じているものだ。だとすれば随筆とは、比較的手軽に自分を表現できる文芸であり、ぜひ書いてみたいもののはずである。

随筆は論説文ではない。私の論でひとを納得させようと、整合性のある論を展開していって結論に至るというものではないのだ。だから、そうこむずかしく理屈をこねなくてもいい。

私はこんな体験をした。そしてこう思った。

体験は何でもよくて、どう思おうが自由なのである。理屈が通ってなきゃいけない、というしめつけはない。

『徒然草』の序段にはこうある。

「つれづれなるまゝに、日ぐらし硯にむかひて、心にうつりゆくよしなし事をそこはかとなく書きつくれば、あやしうこそものぐるほしけれ。」

心に思い浮かぶことをそこはかとなく書けばいいわけである。そういうとっつきやすさが随筆にはある。

そしてまた、随筆は小説とは違って、全体の構想をきっちりと作っておく必要もないのだ。

近頃の若い人は、面白くない話をきくと残酷にもこんなことを言う。

「オチがないじゃん」

随筆を書くのならば、そんなことを言われないですむのだ。バカめ、随筆にはオチなんかいらんのだわい、と思っていればいい。

そういうわけなので、皆さんもひとつ随筆を書いてみましょう。年配の人は随筆を、と思い、若い人はエッセイを、と思えばいい。

発表のチャンスは、限られたグループ内でもいい、と考えれば案外あると思う。

ただし、前講の紀行文とはちょっと違っていて、インターネットのホームページに随筆を書いている人は意外と少ない気がする。ホームページには、研究発表文、記録文、はたまた、手紙にも似た近況報告文がよく目につき、随筆的なものはそうないのだ。コミュニケーション手段として、随筆を発表する場とはどこか違っているのであろう。

日本を代表する二大随筆

『枕草子』と『徒然草』を日本の随筆文学の代表のように例に出した。これはそう珍しい意見ではない。

国文学では、清少納言の『枕草子』を我が国の随筆文学の始祖とすることが承認されているのだ。「春はあけぼの」から始まって、四季折々の趣のある時間帯を並べていくあの感性のきらめき。モノづくし、といって、花で美しいのは、鳥でいいのは、星といえば、などをあげていく書き方。そこに、恥かしいのは、見苦しいのは、などをはさんでいく構成の妙。そして時には、人の噂話や、自分の自慢も出てくるという、実に自由な書きぶりである。あれがまさしく、日本の随筆の基本形になっているのだ。

その『枕草子』に続くのが、鴨長明の『方丈記』であり、吉田兼好の『徒然草』だが、それらは多かれ少なかれ『枕草子』の影響を受けていると言っていい。

そのうちの『方丈記』は、もちろん随筆文学の名作である。

「ゆく河の流れは絶えずして、しかももとの水にあらず。」と始まり、時の前にはすべてのことが虚しく、常なるものはひとつもないと無常を説く名文だ。

しかし『方丈記』は、全編がその無常感を説くために書かれており、一貫して思索的である。日本の随筆にしては思想性が高く、モンテーニュの『エセー』に近いようなものと言えるかもしれない。もしくはイギリスのエッセイ類に並ぶものかも。

そこへ行くと『徒然草』は、数多くの断片からなっており、『枕草子』と構造がよく似ている。書いてあるのは、噂話であったり随想であったり教訓であったりして、自由自在のなんでもありだ。この方が日本人の考える随筆に近いのではないか。

そして『徒然草』には、読んだ人ならみんな同意してくれるだろうと思うのだが、おやじの教訓臭が強い。世の中のことが気に喰わなくてしょうがない老人が、ぶつぶつと世間に文句を言っているという味わいなのだ。

「五十歳になっても身につかないような芸事なら、もうやめたほうがいい。だいたい、老人は俗な欲を捨てて、枯れているほうがよほどましなのである。」

というようなことが『徒然草』には書いてある。典型的な、辛口評論家の、世を叱る論調である。

現在でも、評論家というのは往々にしてそういう辛口評論を、随筆として書いている。世の中はけしからん、日本人は愚かである、人類は滅亡するしかない、というようなことを書くのが随筆であり、人々を叱りとばすのが知的文化人たる評論家の役目だと思っているかの如しだ。

私が、日本の随筆文学で『枕草子』と『徒然草』を二つの代表作だと思っているのはそのせいである。

まず『徒然草』について言えば、あれは日本の知識人が世間を叱りとばし、要するに私を見ならえ、という調子に書いている辛口評論の原型なのである。昔読んだ『徒然草』に無自覚に影響されて、人は年を取るとああいうお叱り文章が書きたくなるのだ。

その意味で『徒然草』は日本の随筆の一方の見本なのだと思う。

そしてもう一方の見本が『枕草子』だ。あれは、女性が書く随筆の原型なのである。

男の随筆は煎じ詰めると、私は利口だからみんな見ならえ、ということが書いてある。

それにたいして女性の随筆は結局のところ、私は感性が優れていてセンスがいいのよ、ということが書いてあるのだ。時には自嘲的だったり、失敗談を装っている場合もあるのだが、要するにそこで言いたいのは感性の自慢だというのが女性の随筆なのである。

女性の随筆はごく最近、第五講で取りあげた「しゃべくり文」を手に入れることにより、より本音をぶちまけた印象の面白いものに進化しているのだが、それでも結局は自分の感性自慢だという本質には変化はないと思う。

そしてそのことは少しも悪いことではない。人はだれだって、私にならえ、とか、私ってセンスがいいのよ、と言いたいのだ。それをいやがられないようにうまく言ってしまうのが随筆の醍醐味だと言えるくらいだ。

その意味で、日本人にとっての随筆の二大お手本が、『枕草子』と『徒然草』なのである。

実体験にもとづいて書く

さてそこで、あなたが随筆を書いてみる時の、コツと注意点を見ていこう。

私は既に、随筆の結局の目的は、自分の自慢をすることだと分析してしまったのだが、さて今から書こうという時には、とりあえずそのことは忘れていよう。その意図が見え見えでは、好意的に読んでもらえないからである。

いかにも知識誇りという感じの文章、あからさまに自画自賛の文章というのは、とりあえずやめておくように注意しよう。著名な大先生の文章ならそれもやむを得ないだろうが、私やあなたのような、どこの馬の骨かよくわからん、という者は偉そうにしないほうが読んで気持のいい随筆になるのだ。人にものを教えることを職業にしている人（大学教授とか学校の先生とか）は、特にこのことを強く意識しましょう。

そして次のコツは、自分の体験にもとづいて書け、ということである。私は先日こんな体験をして、そこからこんなことを考えた、という構造にしろ、ということだ。

そうではなく、このところ私はある問題についてしきりに考えていて、ようやく結論が見えてきた、という構造はやめたほうがよい。そういう随筆は読もうとした時、入口でつっかえるのである。非常に読み進みにくいものになってしまう。

たとえばの話、次の二つの随筆の冒頭を読みくらべてほしい。

「近頃、セレブという言葉が流行している。これはセレブリティーの略語で、著名人、名士、というような意味である。人々はセレブに憧れているらしいのだ。なんと情ない考え方をするものか、と思う。」

「先日、久しぶりにあった十七歳の姪と話をしていた時だが、彼女の口からこんな言葉が出た。

『だってその人、ちょっとしたセレブなんだもん』

セレブって何だい、ときいてみると、うわ、遅れてるー、有名人ってことじゃん、という答えであった。つまり、有名な人の生き方は格好がよく、その意見には逆らえない、ということを言うのだ。そう言われてみて、つい考え込んでしまった。」

例によって私が即席でこさえた例だから差がわかりにくいかもしれないが、前者が、私はいろいろ考えてある結論に達した、というタイプの随筆である。いきなり話の核心に迫るというダイレクトないき方だが、いきなり何の話ですの、と言いたくなるような唐突の感はいなめない。その話題にすんなりと乗れないのだ。

ところが後者は、実体験から話を始めるわけで、ほう、そんなことがあったのか、と興味をそそられる。そんな姪がいるのか、とか、その子は可愛いのか、などと好奇心がわく。

「姪とはここ何年かろくに会話をしたことがなかったので、私も妙にぎこちなくなってしまう。」

なんて書いてあると、そういうことってあるな、なんて共感したりする。そのように、実体験というものには人を引きつける力があるのだ。

二つの随筆が、結論は要するに、「有名人でなければ人生が面白くないというような愚かな考え方はよそう。」という同じものであったとしても、体験にもとづいている話のほうが読む気がするのである。

だから一般人が随筆を書くならば、体験の話から始めよ、というのをアドバイスしたい。

「妻を亡くしてかれこれ一年、ずいぶんいろんなことを考えた。」

より、

「この頃、必ずしも毎日は線香をあげなくなった。」

から書き始まっているほうが、より具体的であるだけに読む気がするのだ。

そして一般の人は、一体験で一話にまとめよう。体験が三つも四つも出てきて、そのたびに思想が深まっていく、という構造は、思想書の書き方である。随筆とはそこはかとないもので、そんなに長くて奥が深いのは似合わないのだ。こんな体験をして、こういう感概を抱いた、というさらりとした話が日本人の随筆にはふさわしい。

だから、ひとつの随筆は、四百字詰め原稿用紙で四、五枚にまとめるのがいい。一般人なら、四、五枚書いたらかなりの充実感があるはずである。十枚も書こうとしたら、それだけ書くためには論理的展開を持たなきゃいけなくなり、かなり苦しいはずである。そこを無理してがむしゃらに書いていくとおそらく話がヨレヨレになるだろう。

随筆には軽さが重要である。

自分の出し方をどうするか

さてそういう随筆を書いていて、その究極の目的は自分をひとに知らしめたいわけである。私はこういう人間でして、というのをひとに伝えることに随筆の快感があるのだから。

しかし、どんな風に自分を出すか、というのがむずかしい。臆面もない自慢、と受け止められてはいけないのだから。そういう随筆は読んでもらえない。

さりげなくて、品がよくて、知性が漂っている、というふうに自分を出せたら最高なのだが、そんなふうに随筆を書けるのは相当の名手である。

どんなふうに自分らしさを表現すればいいのだろうか。

実は、その問いに答はない。なぜなら、そのやり方にこそ、その人らしさ、つまり個性が出るのだから。その人の個性によって、自己表現のしかたもいろいろであって、こう演じたほうがいい、というコツはないのだ。あなたとしては、いろんな随筆を読んで、この人の語り方が肌に合うなあ、というのを真似てみるのがいちばんの策であろう。

そこで私としては、こういう自己表現のしかたはやめたほうがいいですよ、という悪い例を二つばかりあげておこう。なぜやめたほうがいいかと言うと、読む人にうんざりされるからだ。

そのひとつは、また私の思いつき的命名だが、「変り者の私は」的自己表現である。

これは、自分は変り者であるということを認めて、むしろそれを前面に出し、普通じゃないけどチャーミングでしょう、という印象を与えようというものだ。もちろんそのやり方が絶対にいけないわけではなく、作家などがその方式で見事な随筆を書いてしまうことはあるのだが、一般人はあまりやらないほうがいいのである。

なのに、これが案外多い。主婦の文章、働く女性の文章など、女性に多い気がする。そういうものを読んだ感想は、臭い、である。

たとえばこんな風なものだ。

「若い頃から、ファッションとか美容とかにはまるで関心のない私だった。友だちが、あんな服いいね、と言っているのをきいても、何言ってんだろう、という気がした。私の値打ちって、そんなところにあるんじゃないんだから。流行の服のことよりも、もっと大事なことってあると思う。葉っぱがとうとう一枚だけになってしまった落葉樹に涙することとか、月のせいで潮の満ち引きがおこるんなら、どうして一日一回の満潮じゃないんだろうって考えることのほうが、ずっとずっと大事だ。だから私は二歳の娘に詩集を買ってやる。読みもせずかじっているけど。」

かなり変でしょう。ところが、随筆となるとこれを書きだす女性が思いのほか多いのだ。

アドバイス。随筆を書く時は、自分は普通の人間だが、と思っていたほうが読みやすいものが書けます。

そしてもうひとつの、やめたほうがいい自己表現は、「私たちの世代はそうではなかった」的自己表現である。これは男性がよくやり、特に年配の人に多い。具体例を作ってみよう。

「それにしても、民主的家庭像とやらのせいで、近頃家庭の中で父親の権威が失われてしまっているのにはあきれる。お父さんはきたないとか、お父さんは黙ってて、と子に言われてヘラヘラ笑っているというていたらくだ。私たちが子供の頃はそうではなかった。父親には一家の主という威厳があって、父親の前では子供は正座したものだ。こわいのだが、そこには尊敬の念があった。自分もいつかは自分の家族を持ち、家族に幸せをもたらすようにしよう、と自然のうちに教育されていたものだ。」

ついうかうかとこういうことを書いてる人は多いのだが、どう考えても半分以上嘘である。つまりこの人は、年配者の論調というものを、自分の体験のように錯覚しているのだ。自分の子供の頃のことなんて考えてもいないのである。

随筆を書く時、それ用の特別の自分を捏造《ねつぞう》する必要はないのである。もともとの自分のままで、素直に書けばいい。自分にない個性を演じてもうまくはいかないのだ。

そしてその上で、ほんの少し自分のチャームポイントを匂わせる。つまり、好感を持たれるように演出するということだ。自分の個性のよいところを、うまく伝えられれば随筆は成功である。

随筆は、さりげない発言であり、そのさりげなさに味わいがある。

しかし、発言であるからには、読んだ人にいくらかは同感してほしいものだ。その、同感してもらいたいというところに、随筆の色気があって、よくできた随筆を読むと面白いのはそのせいなのである。

第十二講　文章上達のあの手この手

まず読んで、真似てみる

文章教室とうたってはいるが、体系的なものではなく、思いつくまま雑談風に書いてきた。何かひとつでも、ああそうかと感じてもらい、文章を書く時の参考にしてもらえればいい、という考えからである。

そんな気楽な文章教室も最終講を迎えたので、文章上達のためのトレーニング法をまとめてみることにした。どういうトレーニングを積めばうまくなるか、ということを教えてくれる教室はそうないと思うからだ。

ただし、そうは言っても、私には自分がしてきたトレーニングのことしかわからない。だから、私はこういうトレーニングをした、という話しかできないわけで、まあ、その程度の上達法でしかない。自分の体験をもとにして、最後まで雑談風にいくわけだ。

私と、文章とのつきあいの歴史だ。

まず、幼い時から私は、本が好きで本をよく読む子供だった。小学一年生の時に、寝る時父が、蒲団の中で『次郎物語』の冒頭部分を読みきかせてくれたことを覚えている。その時、おもしろいな、とは思ったのだが、父は一晩、冒頭のところを読んでくれるだけだった。だから続きが気になって、翌日からは自分でそのあとを読んだ。私が読書好きになるきっかけだったと思う。

父には『路傍の石』と『人生劇場・青春篇』の冒頭も読んでもらった。それぞれ、その続きは自分で読んだ。そうこうするうちに、童話や児童文学を次々に読むようになり、大人に「何が買ってほしい」ときかれれば、「本」と答える子になったのだ。そして長ずるに従って、日本文学、世界文学、推理小説、ＳＦ、時代小説など、あらゆるものを読んだ。

ここから言いたいのは、書くためには、まず読んでなければ、というあたり前のことである。読まないでおいて、うまく書きたいというのは無理な願いなのだ。小説も、随筆も、論説文もすべてよく読んでいて初めて、うまくそれらを書く可能性が出てくる。

私がやっていた小学生の作文教室で、次のような文章を、私が指導したわけでもないのに書いた六年生の男子がいた。

「父が乗っていたのはつり船ではなく手こぎボートだった。ぼくは、この時よっぽどうちは貧ぼうだということを感じた。」

魚釣りに行って、ちゃんとしたつり船に乗せてもらえるかと思ったら、安いボートだった、という話である。そしてこの文章ににじみ出ているユーモアの味わいは、その子が最近夏目漱石を読んだせいで出ていると私はにらんだ。おそらく、『坊っちゃん』だろう。「よっぽどうちは貧ぼうだということを……」というのは、『坊っちゃん』の話法である。

つまり、その子は漱石を読んでいるから、この文章が書けるのだ。読むからこそ書けるということの見本である。

そしてここからは、自分が読んでおもしろかったものを、真似て書くとうまくいくことが多い、というセオリーを導き出すことができる。

私はパスティーシュ作家とされていて、確かに時々、有名な作家の文体模倣をする。しかしここで言っている、真似て書くとうまくいく、というのは文体模倣をしろという意味ではない。あんまり似ていて笑っちゃう、というほど似ている必要はないけれど、頭の中にあれをお手本にしようという意識があって書くと、わりあいうまく書ける、ということである。

私が初めて小説らしきものを書いたのは、中学三年生の時だった。今でも覚えているのだが、『眼』という怪奇ストーリーだった。病院で手術によって取り出された人間の眼球が、密かに売買されているというような下らない怪奇譚だ。

その小説の書きだしが、こうだった。

「あれはもう、随分古い話です。その時私が二十四、五でしたから、かれこれ四十年近くも昔のことで……」

実を言うとその文章は、江戸川乱歩のある短編を真似たものだった。つまり私は、古老が昔を思い出してポツリポツリ語るということのやり方でなら、この怪奇譚が書けるとにらんで、書き方を真似したのである。そしてそのせいで、下手なりに終りまで書けた。

あの頃私の書く文章は、みんな誰かの真似だった。芥川龍之介を真似て、『或る阿呆の半生』というものを書き、中学の卒業文集に載せた。漱石を真似て『吾輩は犬である』という戯文を書いた。ポーの『早すぎる埋葬』を真似て怪奇短編を書き、ゲーテの『ファウスト』を真似て戯曲まがいのものを書いた。

読んでおもしろかったもの、自分の好みにあうなと思ったものを、手本にして文章を書くというのは有効なトレーニングである。それは自分らしさの微塵もない物真似にすぎない、と言う人がいるかもしれないが、学習の基本は模倣することにあるのだ。真似ているうちに、だんだん自分の文章というものができあがってくるのだ。

好きな作家、肌合いのあうエッセイスト、尊敬する学者、などの文章を真似てみることをお勧めする。時には、好きな文章を原稿用紙に書き写してみるのも、ものすごくいい勉強になるのである。

互いに読みあう仲間を持とう

文章がうまくなるためにはどうしたらいいですか、という質問を私にする人がいる。その質問に真面目に答えようとしているのがこの教室である。

だが、雑談の中などでその質問をされると、つい、そんな大きな問いに簡単に答えられるものか、という気がする。だからちょっと意地悪に答えてしまう。それは、こういう答えだ。

「あなたはピアニストに対して、ピアノがうまくなるためにはどうしたらいいですか、という質問をしますか。しないでしょう。ピアノがうまくなるためには、大いに練習する、ということしかないんですから。文章もそれと同じです。うまくなるためには、大いに練習する、つまりたくさん書くしかありません」

これは、意地悪な答え方ではあるが、本当のことである。たくさん書く人は、間違いなく上達するのだ。

たとえば小説が好きならば、自分で何作か書いてみるのだ。紀行文や随筆にもトライしてみよう。手紙がうまく書きたいなと思う人は、一日に一通は書くようにすればいい。一年も続ければ必ずうまくなるであろう。

ただしその時の注意点は、書くだけで人に見せないのはトレーニングになりませんよ、ということだ。書いたものは、誰かに読んでもらうこと。つまり、これは他人に読まれるんだ、という意識を持って書くのでなければ上達法にはならない。他人に読ませて、感心させたり、同感させようと思うからこそ、うまく書く必要があるのだから。

だから、あなたの書いたものを読んでくれる仲間を作らなければならない。

一人で、誰に読ませるわけでもない小説を五、六編書いていた若き日の私は、高校二年生の時に、互いに読みあう仲間を得た。

クラスの中で、あるグループの創作ノートが回ってくるのだった。数人でそのノートを買い、小説まがいのものを書きつけては、仲間で読みあい、批評をしあっているのだ。

私にしてみれば、ついに求めていた仲間に出会った、ということだった。私はそいつらに、おれも仲間に入れてくれ、と頼んだ。

文学的な同好の士か、とまで大袈裟に考えることはない。それは高校生の、小説まがいを書くというごっこ遊びだった。原稿用紙にすれば二枚か三枚ぐらいの、単なる思いつきだけのSFショート・ショートなどを書きつけるのだ。二日に一作は書けるというような気楽なものである。

でも私にはその遊びが楽しかった。勉強はほっぽりだして、その遊びにのめり込んでいた。

ところで、そのノートにはもうひとつ、重要なポイントがあった。それは何かというと、誰かがそこに小説を書くと、仲間がそのあとに批評を書くのだ。一作あるごとに、三、四人の仲間が短評を書く。

そして実は、そのことも私たちの遊びだった。つまり、小説を書くのは作家ごっこであり、その小説をくさすのは評論家ごっこだったのである。だから手きびしい評ばかり書いた。

「いつもながらS氏の書く、アイデアバレバレのショート・ショートである。オチがまるで決まっていない。」

「前半やけに深刻ぶっているかと思えば、後半はただスジをなぞっただけである。もっと心理を書き込まなければダメだ。」

などという批評をされるのだ。けなされて、グスンと落ち込むのだが、それがものすごく刺激になった。じゃあ次はもっとうまく書いて、感心させてみせよう、と意欲がわくのだ。

高校生の時に出会ったあの仲間たちと、その後十年にわたって同人雑誌をやったというのが私の原形であり、あの活動で少しはマシなものが書けるようになったのだと思っている。

というわけで、ここから導き出されるトレーニング法は、同好の士を集めて文章のサークルを作りましょう、である。

今はワープロというものがあるのだから、とてもきれいな雑誌風のものが簡単に作れる。そこに、自分の文章を発表するのだ。そして仲間で読みあう。読む人間がいる、と思うだけで文章というものは、秘密のノートに書きつけるより姿勢のいいものになる。

そして、若い人には批評しあうことを勧める。自分の書いた文章を批評されると非常にくやしくて、ムカムカするのだが、それも含めた遊びなんだと考えて耐えよう。それに耐えて、じゃあこれならどうだ、と次を書くのだ。

このやり方はかなり有効である。読まれると思うからこそ、読者を意識した、正しく伝えようという目的を持った文章が書けるようになる。また、個性の違う仲間の書いたものを読むことにより、そんなテクニックがあったのかというような、発見をすることも多い。

そんな仲間と雑誌を出すという活動を、もう五年もやっているんですがね、ということならあなたはかなり文章の書ける人になっているはずである。

ただし、仲間で、なるべく正当な批評をしあう、というところに眼目があるのだから、ホームページに文章を発表するというのは、これとは別のことだと考えてほしい。親愛感で結ばれた仲間とやるのがいいのだ。

そして私は、年配の人には、互いに批評しあうことを勧めない。なぜかというと、自分の書いた文章というのは、不思議なほど愛おしくて、まるで我が子のような気さえするものなのである。それなのに、その文章にケチをつけられると、自分の人格を否定されたかのようにくやしくて、ムカムカして、腹さえ立ってくるのだ。あなたのお子さんはできが悪いですな、と言われたぐらいに不快である。

若いうちは、その不快に耐えてほしい。最近の若い人にはむずかしいことかもしれないが。

だが五十歳を過ぎた人は、もうそういう不快に耐えなくていい。そこまで生きてきてるだけで人格はできあがっているんだから、もうそれを否定されてはいけないのだ。

そうでないと、老人ホームの文学サークルのいさかいがもとで暴行事件発生、というようなニュースになる危険性がある。

だから五十歳以上の人は、サークルではあっても、ほめほめサークルというものを作り、批評会ではなく、感服会というのをやるのがいい。

いやあ拝読して、ここに感服しました、とほめあう会だ。ほめない人は入れない、というルールにしておくのがいい。

そんな見えすいたほめ方でも、もっと書こうという意欲がふつふつとわいてくるから不思議である。そして意欲を持って書くというのが実は、上達の秘訣なのだ。

一度長いものを書きあげてみる

仲間を得て、それに読ませるんだという意識を明瞭に持ち、ある程度の量を書く。ここまでであなたの文章はだいぶんうまくなっているはずである。

では、そこからもう一段階うまくなるためのトレーニング法はないだろうか。

これも私の体験から話そう。

高校二年生で仲間を得た私は、三年生になっても小説を書くという遊びにのめり込んでいた。いよいよ大学受験が眼前に迫ってきているのに、机に向かえばＳＦや推理小説を書いているのだから、客観的には大変愚かであった。

そして私は、更にバカなことを始めたのだ。それは、自分の本を作る、という遊びである。手製の原稿用紙に小説を書いて、それを袋とじにして束ね、表紙をつけてこの世で一冊だけの本を作るのだ。表紙のデザインを考えたり、それらしく奥付けまでこさえたりして楽しんだ。

そしてついに、その遊びがこうじて、長編小説が書きたくなってしまった。その結果、手製の本は袋とじだから厚くなるのだが、それで三巻にもなる、原稿用紙で二百五十枚の長編SFを書いたのだ。

高校三年生の九月にそんなことをしていたのだから、あきれ返った愚行である。そのせいで次の春、私は大学受験にすべて失敗するのだから、ちゃんとむくいを受けている。だから世の受験生には、そんなバカなことをしちゃいけませんよと忠告する。

だが、その反省と忠告は別として、長いものを書いた体験が私にもたらしたものがあった。

原稿用紙二百五十枚というのは、普通に考えると長編小説としては短いものであり、場合によっては中編小説に分類されるかもしれない。

だが、高校生の私にとっては、気の遠くなるような大長編だった。それまでは短編と称して五枚くらいのものを書いていたのだから。

つまり私は、初めて長編小説を構想し、大いに苦労してではあったが、最後まで書きあげたのだ。

そうしたら、自分で言うのはおかしいが、一段階文章がうまくなったのだ。

もちろん、私というワク組みの中でうまくなってるだけのことで、世間的な名文家になったのでないのは言うまでもない。でも、自分で読んでみて、三巻本のその本の、一巻目より二巻目が、二巻目より三巻目のほうが文章が安定していて、安心して読めるのだ。かなりクリアに自分の上達が見えて、ちょっと驚いたほどだった。

つまり、ここから導き出される上達法は、一度長いものを書ききってみると、文章力がかなり身につく、ということだ。

原稿用紙で百枚がひとつのめどかな、という気がする。別に小説に限定することはなくて、郷土史研究でも、幼少時代の思い出でも、日本人が失ってしまったもの、でもいいから、百枚以上をめざして書いてみるのだ。

そしてそれを書きあげた時、その人はきっと文章が前よりうまくなっている。それ以後は、案外楽に文章が書けるのだ。

ただし、そこで重要なのは最後まで書ききるということだ。書きあげて、「完」とか「了」と記した時に、ひとつ上の地平に達しているんだと思う。五十枚とか七十枚とか書いて、やっぱり中断しちゃった、というのでは手に入るものはそうないのだ。

考えてみると、百枚以上の文章を書きあげるというのは、途中でものすごく頭をフル回転させることである。ちゃんとまとめあげて「完」に持ち込むためには、脳が大活躍をしているのだ。

そして、そのように働いたことのある脳は、何か書き方のノウハウを学びとっているのであろう。だからそれ以後は、書くことがぐっと楽になる。

実はこのことは、私の師の半村良先生も言っていた。私や、私の同人雑誌仲間に、こう教えてくれたものだ。

「一度長いもんを書いてみるといいよ。それで、絶対に最後まで書きあげることが大事なの。途中はふらふらになっちゃっててもいいから、とにかく終りまで書く。そうすっと、ああ書けるんだなって気がして、次からはすらすらいけるのね」

原稿用紙で百枚以上あるものを書くのはとても大変なことだとわかってはいるが、時間はたっぷりあって、文章がうまくなりたいもんだが、なんて思っている年配の人は、一度それに挑戦してみてはいかがだろうか。ただしもちろん、人に読ませるつもりで書かなきゃいけないのだが。

カラオケ上達法と実はよく似ている

読み手を頭の中に想定して書け、ということを私はこの教室で何度も言ってきた。秘密の日記をいくら書いたって文章はうまくならない、ということである。女子中学生がノートを作って、そこに詩のようなものを百書いたって文章力はつかない。

文章とは自分を他者に伝えるためのもので、うまく伝えたい、できれば相手を同感させたいという目標を内在しているものなのだ。文章がうまくなるというのは、その目標に近づくことである。

そんなわけで、最後にお気楽なたとえ話をしてみよう。

カラオケで歌を歌うことが好きな人は多い。私自身は、あれがあまり得意ではないので、そう体験しないのだが。

さてそこで、カラオケで歌うはめになった人は、できればうまく歌いたいものだ、と思うのが普通であろう。うまいねー、と声でもかかり、拍手をもらえば非常に気分がいい。

きいた人の気分が悪くなってくるように歌おう、と思っているひねくれ者はそういないはずだ。

というわけで、カラオケのうまい人がいる。

その、カラオケのうまい人というのは、ただ好きなように歌っているだけで、生まれつきの声のよさや音程の確かさというような、一種の才能を持っているからうまいのだろうか。

それもないことはないが、それだけではなかろうと私は思う。うまい人というのは、ちゃんときき手の反応に気を配っているのだ。どう歌えばうまくきこえるかを考えていて、何度も歌い込んでいる。

ここは弱く嫋々《じょうじょう》と歌い、次のこぶしまわしのところで腹から声をしぼり出すとうける、というようなことが研究してある。

それだけではない。その種のテクニックに走りすぎるのは、逆に臭くなってしまうので、場合によっては素直に歌うほうがいい、なんてことまで考えているのだ。

文章を書くというのは、そのカラオケで歌うことによく似ていると私は思う。

ただ漫然と、文章がうまくなりたいものだと思っているのは、マイクを握って好きなように歌っているようなものだ。

書くからには、読み手を意識して、そこに伝えようと思っていなければならない。どう書けばうまく伝わるかの、吟味をしなければならない。そして上達のためには、トレーニングとしてたくさん書くのだ。

技巧もこらさなければならないし、逆に、それが臭くならないように抑制もしなければいけない。

大変なことだなあ、とお思いだろうか。でも私がカラオケなんてものの例を持ち出したのは、大変というより、基本的には楽しいことじゃないですか、と言いたかったからだ。

文章を書くからって、堅くなって構えてしまうことはない。人間は自己表現をすることが好きで、うまくそれができれば気分がいいのである。

読み手をちょっと意識して、大いに楽しんで、たくさん書くのが文章の上達法だと私は思っている。

あとがき

この本は『文章読本』ではない。著述業を職業としているのではない一般の大人が、少しでも文章がうまく書けるようになるための、心構えや、作法や、コツや、裏技を指南する『文章教室』である。

『文章読本』というものは、もともとは文章の書き方の指南書のはずなのだが、多くはそれにはあまり役に立たない。伝統的に『文章読本』は、古今の名文の研究、という方向に流れてしまうのだ。だから、いろんな作家のお見事な名文がいっぱい引用してある。文章の書き方についてちょっと論じると、では見本を、と名文の引用になる。引用がすんで、またお説をちょっと読むと、また次の引用だ。なんだか名文のスクラップ・ブックを読んでいるような気がする。

作家の書いた名文をいくら読んでも、一般人が文章の書き方のコツを摑むことはそうあるまい、と私は思う。あんまり高度な名文は、普通の人が文章を書いてみる時に、参考にはならない。名文を鑑賞するのは文学的な楽しみだが、その楽しみがすぐ実利に結びつくわけではないのだ。

おまけに、あの引用だらけのせいで『文章読本』は宿命的に読みにくいのだ。ひとつひとつは文句のつけようがない名文でも、その細切れがあんなに並んでいては、それぞれ味わいやタイプが違っているわけだし、読みにくくってたまらない。これは私の想像だが、多くの人は『文章読本』を読んでいて、見本の名文の引用になるとそれをとばして読むのではないだろうか。

というわけで、本書は『文章読本』ではなく『文章教室』である。作家の名文は、こんなのを素人が真似しちゃダメですよ、というようなところに一、二例引用しただけだ。そして、たとえばこんなふうに書いてはどうでしょう、といって出てくる文章は、ほとんど私が実例を作っている。

それじゃあせいぜいお前のレベルの文章しか書けないじゃないか、と言う人がいるかもしれないが、私の『文章教室』なんだからそれは最初からわかった上でのことである。味わいの異なる細切れ文章を読まされるのにくらべれば、ずっと読みやすい本になっていると思う。

第一講から第七講までが、文章を書く上での基本の整理である。ワープロを使っていいのか、手で書くべきなのか、から始まって、〈です・ます〉体がいいのか、〈だ・である〉体がいいのかなどを考察している。文章の長さや、句読点の打ち方などの、基本だが実は大切なことも考えている。くだけた調子の文章の書き方を説き、真似してはいけない悪い文章はこれだ、と指摘したりしている。

第八講から第十一講までは、具体的なタイプ別文章の書き方である。手紙、実用文、紀行文、随筆の書き方を手引きしてみた。その時、表技だけではなく裏技も教えるのが私の流儀である。

そして最後の第十二講では、文章上達のための方策を考えてみた。もちろんそれは自然に、私はこういうトレーニングを積んできた、という話になるわけだが、具体的であるだけに多くの人にとってヒントになるはずだ、と思っている。

本書を書いてみて私は、最初に予想していたよりも具体的なコツや、裏技がたくさん出てきたことを喜んでいる。すぐ使える技がいっぱいありますよ、ということだ。心構えや日常の修練の重要さを説くより、具体的なコツを教えるほうがいい指導だと私は考えているのだ。

そしてこの本は、面白く読めるように、ということを何より心がけて書いた。私はいつだって面白いものを書きたい人間なのだが、人に何かを指導する時にも、面白い先生になりたがるのだ。面白いからつい耳を傾けてしまい、その結果身につくものがある、というのが私が理想としている教え方なのだ。

これまで、子供の作文については二冊ほど本を出しているのだが、大人の書く文章について あれこれ考えた本はこれが初めてである。以前から、一度は考えをまとめておきたいと思っていたので、本書を書き終えて肩の荷をひとつ下ろしたような気分を味わっている。

さてこの先は、これを読んで、あなたが文章を書く番である。

二〇〇四年　猛暑の夏

清水義範

講談社現代新書　1738

大人《おとな》のための文《ぶん》章《しょう》教《きょう》室《しつ》

二〇〇四年一〇月二〇日第一刷発行　二〇一三年六月二一日第一〇刷発行

著　者　清《し》水《みず》義《よし》範《のり》

発行者　鈴木　哲

発行所　株式会社講談社

東京都文京区音羽二丁目一二—二一　郵便番号一一二—八〇〇一

電　話　出版部　〇三—五三九五—三五二一

販売部　〇三—五三九五—五八一七

業務部　〇三—五三九五—三六一五

装丁者　中島英樹

印刷所　凸版印刷株式会社

製本所　株式会社大進堂

定価はカバーに表示してあります　Printed in Japan

N.D.C.816　208p　18cm

ISBN4-06-149738-3

「講談社現代新書」の刊行にあたって

教養は万人が身をもって養い創造すべきものであって、一部の専門家の占有物として、ただ一方的に人々の手もとに配布され伝達されうるものではありません。

しかし、不幸にしてわが国の現状では、教養の重要な養いとなるべき書物は、ほとんど講壇からの天下りや単なる解説に終始し、知識技術を真剣に希求する青少年・学生・一般民衆の根本的な疑問や興味は、けっして十分に答えられ、解きほぐされ、手引きされることがありません。万人の内奥から発した真正の教養への芽ばえが、こうして放置され、むなしく滅びさる運命にゆだねられているのです。

このことは、中・高校だけで教育をおわる人々の成長をはばんでいるだけでなく、大学に進んだり、インテリと目されたりする人々の精神力の健康さえもむしばみ、わが国の文化の実質をまことに脆弱なものにしています。単なる博識以上の根強い思索力・判断力、および確かな技術にささえられた教養を必要とする日本の将来にとって、これは真剣に憂慮されなければならない事態であるといわなければなりません。

わたしたちの「講談社現代新書」は、この事態の克服を意図して計画されたものです。これによってわたしたちは、講壇からの天下りでもなく、単なる解説書でもない、もっぱら万人の魂に生ずる初発的かつ根本的な問題をとらえ、掘り起こし、手引きし、しかも最新の知識への展望を万人に確立させる書物を、新しく世の中に送り出したいと念願しています。

わたしたちは、創業以来民衆を対象とする啓蒙の仕事に専心してきた講談社にとって、これこそもっともふさわしい課題であり、伝統ある出版社としての義務でもあると考えているのです。

一九六四年四月　野間省一

哲学・思想Ⅰ

66 哲学のすすめ——岩崎武雄
159 弁証法はどういう科学か 三浦つとむ
501 ニーチェとの対話——西尾幹二
871 言葉と無意識——丸山圭三郎
898 はじめての構造主義—橋爪大三郎
916 哲学入門一歩前——廣松渉
921 現代思想を読む事典 今村仁司 編
977 哲学の歴史——新田義弘
989 ミシェル・フーコー—内田隆三
1001 今こそマルクスを読み返す 廣松渉
1286 哲学の謎——野矢茂樹
1293 「時間」を哲学する——中島義道

1301 〈子ども〉のための哲学 永井均
1315 じぶん・この不思議な存在—鷲田清一
1357 新しいヘーゲル——長谷川宏
1383 カントの人間学——中島義道
1401 これがニーチェだ——永井均
1420 無限論の教室——野矢茂樹
1466 ゲーデルの哲学——高橋昌一郎
1504 ドゥルーズの哲学——小泉義之
1575 動物化するポストモダン—東浩紀
1582 ロボットの心——柴田正良
1600 ハイデガー＝存在神秘の哲学——古東哲明
1635 これが現象学だ——谷徹
1638 時間は実在するか 入不二基義

1675 ウィトゲンシュタインはこう考えた—鬼界彰夫
1783 スピノザの世界——上野修
1839 読む哲学事典——田島正樹
1948 理性の限界——高橋昌一郎
1957 リアルのゆくえ——大塚英志 東浩紀
2004 はじめての言語ゲーム—橋爪大三郎
2048 知性の限界——高橋昌一郎
2050 超解読！ はじめてのヘーゲル『精神現象学』 竹田青嗣 西研
2084 はじめての政治哲学 小川仁志
2099 超解読！ はじめてのカント『純粋理性批判』 竹田青嗣
2153 感性の限界——高橋昌一郎
2169 超解読！ はじめてのフッサール『現象学の理念』—竹田青嗣
2185 死別の悲しみに向き合う——坂口幸弘

哲学・思想Ⅱ

宗教

政治・社会

1038 立志・苦学・出世――竹内洋
1145 冤罪はこうして作られる　小田中聰樹
1201 情報操作のトリック　川上和久
1365 犯罪学入門――鮎川潤
1488 日本の公安警察――青木理
1540 戦争を記憶する――藤原帰一
1742 教育と国家――高橋哲哉
1965 創価学会の研究――玉野和志
1969 若者のための政治マニュアル――山口二郎
1977 天皇陛下の全仕事――山本雅人
1978 思考停止社会――郷原信郎
1985 日米同盟の正体――孫崎享

2053 〈中東〉の考え方――酒井啓子
2059 消費税のカラクリ――斎藤貴男
2068 財政危機と社会保障――鈴木亘
2073 リスクに背を向ける日本人　山岸俊男　メアリー・C・ブリントン
2079 認知症と長寿社会――信濃毎日新聞取材班
2110 原発報道とメディア――武田徹
2112 原発社会からの離脱　宮台真司　飯田哲也
2115 国力とは何か――中野剛志
2117 未曾有と想定外――畑村洋太郎
2123 中国社会の見えない掟　加藤隆則
2130 ケインズとハイエク　松原隆一郎
2135 弱者の居場所がない社会　阿部彩
2138 超高齢社会の基礎知識　鈴木隆雄

2145 電力改革――橘川武郎
2149 不愉快な現実――孫崎享
2156 本音の沖縄問題――仲村清司
2157 冤罪と裁判――今村核
2176 ＪＡＬ再建の真実――町田徹
2181 日本を滅ぼす消費税増税――菊池英博
2183 死刑と正義――森炎
2186 民法はおもしろい――池田真朗
2194 韓国のグローバル人材育成力――岩渕秀樹
2195 反教育論――泉谷閑示
2197 「反日」中国の真実――加藤隆則
2203 ビッグデータの覇者たち――海部美知

経済・ビジネス

1596 失敗を生かす仕事術　畑村洋太郎
1624 企業を高めるブランド戦略──田中洋
1628 ヨーロッパ型資本主義　福島清彦
1641 ゼロからわかる経済の基本──野口旭
1656 コーチングの技術──菅原裕子
1695 世界を制した中小企業　黒崎誠
1780 はじめての金融工学　真壁昭夫
1782 道路の経済学──松下文洋
1926 不機嫌な職場──高橋克徳　河合太介　永田稔　渡部幹
1992 経済成長という病──平川克美
2010 日本銀行は信用できるか　岩田規久男
2016 職場は感情で変わる　高橋克徳
2036 決算書はここだけ読め！──前川修満
2047 中国経済の正体──門倉貴史
2056 フリーライダー──河合太介　渡部幹
2061 「いい会社」とは何か　小野泉　古野庸一
2064 決算書はここだけ読め！キャッシュ・フロー計算書編──前川修満
2066 「最強のサービス」の教科書──内藤耕
2075 「科学技術大国」中国の真実──伊佐進一
2078 電子マネー革命──伊藤亜紀
2087 財界の正体──川北隆雄
2091 デフレと超円高──岩田規久男
2125 ビジネスマンのための「行動観察」入門　松波晴人
2128 日本経済の奇妙な常識　吉本佳生
2148 経済成長神話の終わり　アンドリュー・J・サター　中村起子 訳
2151 勝つための経営──畑村洋太郎　吉川良三
2163 空洞化のウソ──松島大輔
2171 経済学の犯罪──佐伯啓思
2174 二つの「競争」──井上義朗
2178 経済学の思考法──小島寛之
2184 中国共産党の経済政策　柴田聡　長谷川貴弘
2205 日本の景気は賃金が決める　吉本佳生

世界の言語・文化・地理

日本史

369 地図の歴史(日本篇) 織田武雄
1258 身分差別社会の真実——斎藤洋一・大石慎三郎
1265 七三一部隊——常石敬一
1292 日光東照宮の謎——高藤晴俊
1322 藤原氏千年——朧谷寿
1379 白村江——遠山美都男
1394 参勤交代——山本博文
1414 謎とき日本近現代史 野島博之
1599 戦争の日本近現代史 加藤陽子
1648 天皇と日本の起源 遠山美都男
1680 鉄道ひとつばなし——原武史
1685 謎とき本能寺の変——藤田達生

1707 参謀本部と陸軍大学校 黒野耐
1797 「特攻」と日本人——保阪正康
1885 鉄道ひとつばなし2——原武史
1911 枢密院議長の日記——佐野眞一
1918 日本人はなぜキツネにだまされなくなったのか 内山節
1924 東京裁判——日暮吉延
1971 歴史と外交——東郷和彦
1982 皇軍兵士の日常生活 一ノ瀬俊也
1986 日清戦争——佐谷眞木人
2031 明治維新 1858-1881 坂野潤治・大野健一
2040 中世を道から読む——齋藤慎一
2051 岩崎彌太郎——伊井直行
2072 「戦後」を点検する——保阪正康・半藤一利

2089 占いと中世人——菅原正子
2095 鉄道ひとつばなし3——原武史
2098 戦前昭和の社会——井上寿一
2102 宣教師ニコライとその時代——中村健之介
2106 戦国誕生——渡邊大門
2109 「神道」の虚像と実像 井上寛司
2131 池田屋事件の研究——中村武生
2152 鉄道と国家——小牟田哲彦
2154 邪馬台国をとらえなおす——大塚初重
2190 戦前日本の安全保障——川田稔
2192 江戸の小判ゲーム——山室恭子
2196 藤原道長の日常生活 倉本一宏
2202 西郷隆盛と明治維新 坂野潤治

世界史Ⅰ

世界史Ⅱ

自然科学・医学

15 数学の考え方――矢野健太郎
1126 「気」で観る人体――池上正治
1138 オスとメス=性の不思議――長谷川真理子
1141 安楽死と尊厳死――保阪正康
1328 「複雑系」とは何か――吉永良正
1343 カンブリア紀の怪物たち――サイモン・コンウェイ・モリス 松井孝典 監訳
1349 〈性〉のミステリー――伏見憲明
1427 ヒトはなぜことばを使えるか 山鳥重
1500 科学の現在を問う 村上陽一郎
1511 優生学と人間社会――米本昌平 松原洋子 橳島次郎 市野川容孝
1581 先端医療のルール――橳島次郎
1598 進化論という考えかた 佐倉統

1689 時間の分子生物学――粂和彦
1700 核兵器のしくみ――山田克哉
1706 新しいリハビリテーション 大川弥生
1759 文系のための数学教室――小島寛之
1786 数学的思考法――芳沢光雄
1805 人類進化の700万年 三井誠
1840 算数・数学が得意になる本 芳沢光雄
1860 ゼロからわかるアインシュタインの発見 山田克哉
1861 〈勝負脳〉の鍛え方――林成之
1880 満足死――奥野修司
1881 「生きている」を見つめる医療――中村桂子 山岸敦
1887 物理学者、ゴミと闘う――広瀬立成
1891 生物と無生物のあいだ――福岡伸一

1925 数学でつまずくのはなぜか 小島寛之
1929 脳のなかの身体――宮本省三
2000 世界は分けてもわからない 福岡伸一
2011 カラー版ハッブル望遠鏡宇宙の謎に挑む 野本陽代
2023 ロボットとは何か――石黒浩
2039 ソーシャルブレインズ入門 藤井直敬
2097 〈麻薬〉のすべて――船山信次
2122 量子力学の哲学――森田邦久
2166 化石の分子生物学――更科功
2170 親と子の食物アレルギー――伊藤節子
2191 DNA医学の最先端 大野典也
2193 〈生命〉とは何だろうか 岩崎秀雄
2204 森の力――宮脇昭

知的生活のヒント

78 大学でいかに学ぶか　増田四郎
86 愛に生きる——鈴木鎮一
240 生きることと考えること　森有正
327 考える技術・書く技術—板坂元
436 知的生活の方法——渡部昇一
553 創造の方法学——高根正昭
587 文章構成法——樺島忠夫
648 働くということ——黒井千次
722 「知」のソフトウェア—立花隆
1027 「からだ」と「ことば」のレッスン　竹内敏晴
1468 国語のできる子どもを育てる——工藤順一
1485 知の編集術——松岡正剛
1517 悪の対話術——福田和也
1563 悪の恋愛術——福田和也
1620 相手に「伝わる」話し方　池上彰
1626 河合塾マキノ流！ 国語トレーニング——牧野剛
1627 インタビュー術！——永江朗
1679 子どもに教えたくなる算数　栗田哲也
1684 悪の読書術——福田和也
1729 論理思考の鍛え方—小林公夫
1865 老いるということ—黒井千次
1940 調べる技術・書く技術—野村進
1979 回復力——畑村洋太郎
1981 正しく読み、深く考える 日本語論理トレーニング　中井浩一
2003 わかりやすく〈伝える〉技術——池上彰
2021 新版 大学生のためのレポート・論文術——小笠原喜康
2027 地アタマを鍛える知的勉強法——齋藤孝
2046 大学生のための知的勉強術——松野弘
2054 〈わかりやすさ〉の勉強法——池上彰
2083 誰も教えてくれない人を動かす文章術——齋藤孝
2103 アイデアを形にして伝える技術——原尻淳一
2124 デザインの教科書——柏木博
2147 新・学問のススメ——石弘光
2165 エンディングノートのすすめ——本田桂子
2187 ウェブでの〈伝わる〉文章の書き方——岡本真
2188 学び続ける力——池上彰
2198 自分を愛する力——乙武洋匡
2201 野心のすすめ——林真理子

文学

趣味・芸術・スポーツ

日本語・日本文化

105 タテ社会の人間関係 中根千枝

293 日本人の意識構造——会田雄次

444 出雲神話——松前健

1193 漢字の字源——阿辻哲次

1200 外国語としての日本語——佐々木瑞枝

1239 武士道とエロス——氏家幹人

1262 「世間」とは何か——阿部謹也

1432 江戸の性風俗——氏家幹人

1448 日本人のしつけは衰退したか——広田照幸

1738 大人のための文章教室 清水義範

1943 なぜ日本人は学ばなくなったのか——齋藤孝

2006 「空気」と「世間」——鴻上尚史

2007 落語論——堀井憲一郎

2013 日本語という外国語 荒川洋平

2033 新編 日本語誤用・慣用小辞典 国広哲弥

2034 性的なことば——井上章一 斎藤光 澁谷知美 三橋順子 編

2067 日本料理の贅沢——神田裕行

2088 温泉をよむ——日本温泉文化研究会

2092 新書 沖縄読本——下川裕治 仲村清司 著・編

2126 日本を滅ぼす〈世間の良識〉——森巣博

2127 ラーメンと愛国——速水健朗

2133 つながる読書術——日垣隆

2137 マンガの遺伝子——斎藤宣彦

2173 日本人のための日本語文法入門——原沢伊都夫

2200 漢字雑談——高島俊男